まいにちが
しんどいとき、
じわじわ
私を苦しめるのは、

私自身の
感情かもしれない。

ある精神科医は言いました。

「感情は〝生きろ！〟と叫んでる」

命の危険、生存への道すじを教えてくれる。

怖い

←

逃げろ！　闘え！

とかね。

さらに精神科医は言いました。

「でも感情は、けっこう間違える」

感情をときほぐして
メンタル危機な毎日を
生きやすくする
方法がある。

プロローグ

突然ですが、あなたはいま、どんな気持ちですか？

「会社での理不尽な出来事にイライラした気持ちを引きずってる」

「家族や友達に強く当たってしまったことが、小骨のように心に突き刺さってチクチクする」

「偶然入ったお店のランチが思いのほかおいしくて、心がぽかぽかしてる」

など……？

あるいは、一日の仕事を終え、なんの感情もわいてこないくらいにクタクタに疲れているかもしれません。

生きていると、日々、いろいろな出来事が起こりますよね。

そのたびに嬉しくなったり、悲しくなったり、ほっとしたり、むなしくなったり。私たちの感情は絶えず変化し、揺れ動いています。それはごく自然なことで、いろいろな感情とともに生きること自体は、むしろ人間らしいともいえます。

しかし一方で、感情に翻弄されてしまったり、日々のネガティブな感情が積もり積もってしまうと、それは、私たちの健康を脅かすストレスになってしまいます。

とくにここ数年は、コロナ禍で経験したことのないストレスにさらされ、慢性的に心が弱っている人が増えています。

『まいにちメンタル危機の処方箋』という名前のこの本を手に取ってくださったあなたも、日々の生活の中で「もやもやした気持ちが晴れない」「最近、怒りっぽくなっている」「積もったストレスでそろそろ気持ちがキレてしまいそう」という、メンタルの危機を感じているのかもしれません。

・メンタルが大崩れしてしまうその一歩手前で踏みとどまり、自分の心と上手につきあってほしい

・不安や焦り、怒りなどネガティブな感情の支配から抜け出して、少しでも良い方向に転換していってほしい

本書は、そんな思いを込めてまとめた、みなさんがよりすこやかに生きていくための、いわば心の処方箋です。

私は現在、マサチューセッツ総合病院の小児うつ病センター長として、子どもたちのうつ病や躁うつ病、不安障害、ＡＤＨＤなどの精神疾患を診療しています。臨床医として患者さんを診察する傍ら、ハーバード大学医学部准教授・脳神経科学者として、子どもの気分の調整が脳の中でどのように行われているかの研究を行っています。

その研究の一つが、本書で紹介する「再評価」です。

再評価とは、ネガティブな感情をポジティブな方向に持っていく心理的アプローチの一つです。簡単にいうと、ネガティブな感情が生じたときに、立ち止まってその状況や感情を整理し、捉えなおしてみる。感情が大爆発したり、心がペシャンコになったりし

ないように、少し方向転換させる手法です。

私は精神科医であり、脳科学者ですから、この本で紹介する内容は基本的に、医学的、心理学的な見地に基づいています。再評価という心理的アプローチにも科学的根拠があり、脳の機能を分析するファンクショナルMRIなどを用いて、感情を生む扁桃体と論理的な思考を司る前頭前野がコラボレーションした際に起こることなどがわかっています。

しかし一方で、ここではできるだけ平易な言葉を用いて、日常の中で無理なく取り入れられる、現実的なメンタルケアのアイデアをお伝えしようと思っています。

というのも、今まさに自分のメンタルが危機に陥っているその瞬間には、理屈だけでは役に立たないことが往々にしてあるからです。

たとえば、誰かの心ないひと言にカッとなって今にも感情を爆発させてしまいそうなときに「今、科学的に脳の働きはこうなっているから、こんなふうに行動しよう」と考えるなんて、難しすぎて、なかなかできないですよね？

それともう一つ。この本では、「〇〇をすれば、誰でもすぐに変われます」というようなことは書いていません。とても複雑で繊細な私たちの心が、なにか一つのスイッチを押せば、それだけで劇的に変わるなんてことはありえないですから（そもそも、「変わらなきゃいけない」なんて強迫から自由になることこそが、自分の心のためにすべきことの一つだったりします）。

この本を通じて私がみなさんにシェアしたいのは、そうした表層的で安易な情報ではなく、私が精神科医として得た医学的な知見と3児の母として得た日々の経験をもとにした、私たちのギリギリな〝まいにち〟を助けるためのヒントです。ぜひリラックスして、構えずにページをめくってもらえたら嬉しいです。

これまでずっと苦しんできた、あるいはボロボロになっても頑張ってきたあなたの心が、少しずつほぐれていきますように。

まいにち
メンタル危機の
処方箋

CONTENTS

行動

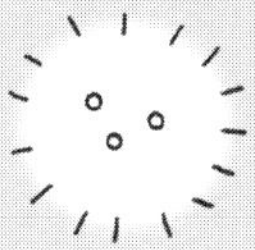

序章

感情って
なんだろう

人は、さまざまな感情とともに生きています。

心理学者のロバート・プルチック氏が１９８０年に発表した「Wheel of Emotions（感情の輪）」というモデルによると、大きく分けて52種類もの感情があるそうです。もしかしたらまだ名前の付けられていない感情もあるかもしれません。

突然パッと強く発火しサッと消える感情もあれば、もやもやといつまでもくすぶり続ける感情もあります。単一の感情がポンと存在するというよりは、いろいろな感情が複雑に混ざり合っていて、その強弱やグラデーションはその時々で変わります。

感情のユニークなところは「思考よりも先に、勝手にわきでてくる」という点です。「いまこの状況は私には許しがたいことだから、怒ることにします」と思考してから怒る人はいませんよね。怒りも悲しみも、喜びも、勝手にわきあがってくる。突然、私た

なんでこんなにわきでてくるんだろう

ちを幸せな気持ちで満たしてくれたかと思えば、我を忘れるほど落ちこんだり怒りを感じたりもします。

コントロールできない分、ときに厄介な存在でもある「感情」が、なぜ人間には備わっているのでしょうか。

ここで一つ、イメージしてみましょう。あなたは一人で山登りにでかけています。順調に山を登っていると、木のかげから突然、ヒグマが現れました。このとき、あなたの脳内では、どんなことが起こっているでしょうか。

山でクマに遭遇したとき、あなたの脳は急ピッチで作動します。「目の前にクマがいる」という危険な状況を瞬時に察知し、扁桃体の中の神経細胞を発火させて、「怖い！」という感情を瞬間的に起こすのです。同時に、この恐怖や不安に脳幹が反応し、呼吸を荒くしたり、心臓の鼓動を速めたりもします。**つまりこのとき、感情は、「怖い！（危険だ！）」と、その場の状況を瞬間的に評価している**わけです。恐怖や不安といったネガティブな感情がまっ先に引き起こされるからこそ、一刻も早く死なないための行動をと

こわい!
!!

れるのです。

　クマに出会ったとき、もしも人間に感情がなかったら？　そう考えると、ふだんは厄介に思えるネガティブな感情も生存のために重要なものなのだとわかるでしょう。

感情は、「瞬時に状況を評価してくれる」優れもの。人間が進化の過程で生き残れるように、子孫を残せるようにと獲得した機能です。

大まかにいうと、自分自身が死なないため、子孫を残すためにプラスになることにはポジティブな感情がわき、生存・生殖を脅かすものにはネガティブな感情がわくような仕組みになっています。

感情は、たびたび間違える

　ここまで感情の優れた点を紹介してきましたが、実際には、私たちは〝感情に振り回される〟という経験を頻繁にします。なぜ、感情が私たちにとって好ましくない働きをしてしまうのでしょうか。

「山でクマに遭遇する→恐怖という感情がわく→逃げる」という判断は、百人いれば百人が「そうする」と答えるくらい明快です。しかし、**現代社会では、太古の昔のように肉食獣に襲われるといった生存危機は、日常生活においてほとんどありません。**

ここに、私たちが感情に振り回されて苦しんだり、感情を持てあましたりする一因があります。いまの社会では「生存」にかかわる危機に遭遇することはほとんどないのに、感情は、狩猟採集をして洞窟に住んでいた時代と同じように「短期的に生存・生殖にとって好ましいかどうか」を評価してしまうのです。つまり、一生懸命、生命の危機を回避しようとして、ネガティブな感情が引き起こされているわけです。

時代の変化や文明の発達のスピードに脳の進化はとても追いつけないので、脳は、いまでもある意味で前時代的な機能を保っています。実際の私たちの日常においては、「短期的な危険回避のためのネガティブな感情」よりも、「長期的な視点で客観的に物事を判断する思考」のほうがずっと重要な場面が多いのですが、**脳の仕組みと実社会に乖離があるため、今の社会にはそぐわない判断をしてしまう**ということです。

私たちが日常生活で経験するネガティブな感情のほとんどは、実際には「生存」にかかわるものではありません。もっと曖昧で、正解のないことに端を発しているケースばかりです。

たとえば子育てをしていて、「もしかしたら甘やかしすぎているのでは？」「違うやり方をしたほうがよかった？」「あとから後悔したりしない？」と自分の育児に自信が持てなくなったとします。いつも漠然とした不安（という感情）を抱えている。でもこの場合、育児のやり方にハッキリとした正解はなく、自分の判断や行動が正しかったのかどうか、すぐに結果が出るものではありませんよね。

他にも、どんな仕事を選ぶか、コミュニティ内での人間関係、どんな恋愛をするか、老後にいくら貯金を残すのか、これらは、どれも正解がありません。不安や焦り、怒りといったネガティブな感情が生まれるものの、「クマから逃げる」のような明確な答えがないのです。どうジャッジすればいいのかがわかりにくく、すぐにすっきりと解決させられないので、ぐるぐると同じことを考えたり、もやもやとした気持ちが必要以上に続いてしまったりします。これは、メンタル危機につながってしまう一つのケースです。

だからこそ、再評価を

感情が、ある意味では現代の社会にそぐわない判断をしてしまうとしても、それを止めることはなかなかできません。

生存のために進化の過程で備わった機能ですから、心臓が勝手に動いているのと同じように、感情は勝手にわきあがってくるものです。

だからこそ、**いまの状況について感情が下した評価を、改めてそれが正しいものなのかどうか、再評価（reappraisal）する必要がある**のです。

そして、その感情を〝感じ続けるかどうか〟や〝どの程度感じるか〟はある程度、コントロールできます。

先ほどの例で考えると、クマに出会った瞬間に「怖い！」と感じる最初のリアクションをコントロールすることはできません。しかし、「本当に怖いものなの？」「私は、本当にこの恐怖を感じる必要がある？」などと、自分の感情を客観的に見つめて捉えなおすことで、恐怖が和らいだり、違う感情が生まれてきたりします。日常においてネガティブな感情を抑えたい、方向転換したいときには、「自分の感情を見つめて、再評価してみる」行為が役に立ちます。

繰り返しますが、現代の日本では、道端でばったりとクマと出くわすようなケースは多くありません。**とっさにクマ（命の脅威）のように見えたものが、実はただの着ぐるみだったとか、とるに足らないものだったりすることがよくある**わけです。

幸いにも、というべきか、感情という原始的な機能がいまも残っているのと同時に、現代の私たちは、立ち止まって考える力も獲得してきました。

「いま、どんな気持ちかな？」と客観的に観察してみる想像力も備わっています。

常日頃から生存の危機に脅かされなくていい時代を生きているからこそ、私は人が持

感情がとらえたものを、客観的に観察してみる

つ「考える力」をもっと使って、磨いていってほしいと思っています。この本の目的は、私たちのまいにちを脅かす「クマ」の正体を明かしていくことと言ってもいいかもしれません。

それこそが、心をよりよい状態に保って、すこやかに生きる近道だからです。

1章

モニタリングをしてみよう

心をモニタリングしてみよう

ネガティブな感情をできるだけポジティブな方向に持っていく心理的アプローチに、「再評価」という手法があります。科学的にも有効性が認められている認知行動療法の対処法の一つとして、少しずつ知られるようになってきました。

前の章で触れたとおり、感情は、その場の状況を瞬時に判断して引き起こされるもの。つまり、何かが起こったときに感情が最初の評価（primary appraisal）をして、それを客観的に再び捉えなおすのが再評価（re-appraisal）というわけです。

とっさにあふれ出る感情は、今の私たちの暮らしにおいては過剰だったり間違っていたりすることが多々あり、それに振り回されることが心を苦しめる原因の一つになっています。再評価は、**そこで一度立ち止まってその感情が本当に正しいものかを客観的に見つめ直す**ことで、心に平穏を取り戻すとても有効な手段なのです。

ただ、直訳で用いられる「評価」という言葉のニュアンスに、抵抗を感じる人がいるかもしれません。「評価する」「評価される」というと、日常の中に取り入れるには少し堅苦しい感じもしますし、人によってはこの言葉にややマイナスな印象を持つでしょう。

客観的に捉えなおすという意味で、再評価は、「心をセルフモニタリングすること」とも言い換えられそうです。なので、この本では**モニタリング**という言葉を使っていくことにします。

そう難しく考える必要はありません。要は、「どう捉えるか」ということ。

まずは、自身の感情に気づき、じっと見つめて、モニターしてみることから始まります。

ネガティブな感情がわいてきたら、それはモニタリングのチャンス。そんなふうに捉えてもらえたらと思います。

モニタリングのプロセス

これから、具体的なモニタリングのやり方を学んでいきましょう。実際に私がモニタリングするときの基本的なプロセスは、こんな流れです。

ステップ1　自分の感情に気づく

ステップ2　感情を言葉にする

ステップ3　感情の背景を分析する

ステップ4　行動する
（どう行動すればよかったのかを考える）

ステップ① 自分の感情に気づく

モニタリングの第一歩は、**自分の感情に気づくこと**です。

自身の感情をキャッチできたら「もうすでにセルフモニタリングは大成功！」といえるくらい大切なことなのですが、実は、これがものすごく難しいです。

たとえば、現実にイライラしているとき、「私、いまイライラしているなぁ」と感じる前に、大きな音をたてて扉を閉めたり、相手に声を荒げてしまったりしますよね？

「感情」がわく
↓
「思考」する
↓
「行動」する

感情がわいてから行動に至るまで、本来はこんな順番で移行していくはずなのですが、感情が強すぎると、自分の感情に気づいたり、思考したりしないまま、ひと足飛びに行動まで進んでしまいます。相手の心の動きには敏感な人でも、**自分の心の動きには案外、無頓着**だったりするものです。

恐れや怒り、焦り、嫉妬、焦燥感、緊張といった自分にとって好ましくない感情の気配を感じたら、「これはモニタリングのタイミングだ！」と立ち止まることが大切です。最初はなかなか難しいかもしれませんが、「感情をキャッチしよう」「自分の内面に目を向けよう」と少し意識してみるだけでも、ずい

この分かれ道、後悔しないのはどっち？

ぶん違ってくるはずです。

感情を否定しない

自分の感情をキャッチするときに大切なのは、わきあがってきた感情を否定しないことです。

とくにネガティブな感情は、それ自体を「感じてはいけないもの」だと捉えてしまいがちです。抱いている感情を「良い」「悪い」「恥ずかしい」などとジャッジしてしまったり、その感情自体をなかったことにしようとしたりすることがないでしょうか。

それはもしかしたら、あなたの優しさや真面目さによるものだったり、あるいはこれまでの経験で得た生きる術なのかもしれませんが、**自身の感情を否定や拒絶しないことが何より大切**だと覚えておいてください。感情を抑えることは思った以上にエネルギーを要しますし、**無理に押し込めた感情が、時間の経過によって消えていくということは、実はあまりありません。**長い時間をかけて心に負担がかかり、反動で爆発してしまったり、ストレスでお腹が痛くなったり、めまいがしたり、体に反応が出ることもあります。

心理学の用語に**ラジカル・アクセプタンス**という言葉があります。

これは、自分の身に起きたことや出くわした境遇に対して、「良い」「悪い」とジャッジせずに、「ただ起きたこと」と受け入れる、という意味です。

嫌な出来事が起きたとき、人は、その出来事を否定してしまいたくなります。起きたこととして認めたくない、受け入れたくないという気持ちが働くのです。しかし、「もうすでに起きたこと」として一旦受容しなければ、「じゃあ、これからどうする？」と前に進むためのアプローチが難しくなります。否定でも肯定でもなく、起きた事実を認めることは、前に進むための起点になるのです。

わきあがってきた感情に気づいたとき、その感情をジャッジしないこと。

実際より小さなものとして捉えようとしたり、ふたをして、なかったことにしないこと。

肯定も否定もせず、ただフラットに自分の中の感情を認め、「こういう感情がわきあがってきた」という事実を認識する。
これがモニタリングの第一歩です。

もちろん、「まず受け入れる」ということをしたうえで、「でも今は考えない」という判断をすることもオーケーです。**考える暇がないことが救いになること**もよくあります。

ここにいるすべての感情は、ひとまずこっちにおいで

ステップ② 感情を言葉にする

ひとまず、自分の中にある感情に気づくことができました。

立ち止まり、否定せずにその存在を認めることができたら、次は、さらにその感情を観察していきます。

「いま私が感じている、この感情は一体、なんだろう？」

「怒り？　焦り？　執着？　それとも寂しさ？」

「前にも、同じような感情を味わったことがある？　どんな感情に似ている？」

「どのくらい強く、この感情を感じている？」

自分の感情をさまざまに観察して、言葉にしていきます。自分がいま味わっている感情に名前をつけてみる感覚です。心理学では、「感情のラベリング」と言ったりします。

感情をキャッチすることに慣れていないうちは、自分がどんな感情を抱いているのか、なかなか言葉にできないかもしれません。

「怒り？　焦り？　それとも嫉妬？」というように、知っている感情を一つ当てはめて考えてみてもいいでしょう。「怒りと似ているようで、なにか違う……」と思ったら、自分の感情にぴったりな言葉が見つかるまで、粘り強く向き合ってみます。また、一つの感情だけでなく複数の感情が混ざりあっていることもよくあるものです。


　このときも、自分の感情を決して否定しないことが大切です。

「嫉妬するなんてかっこわるい」「私は、そんな醜い感情は抱かない」と感情を拒絶してしまうと、本当の気持ちに気づけません。誰にも打ち明ける必要はありませんから（もちろん打ち明けてもいいのですが）、こっそりと自分の心に素直になって、問いかけてみてください。


　他人の心を観察するようなイメージで、いま感じていることを言語化してみましょう。

「ああ、そうだ！　私は○○の感情を感じていたんだ！」とうまく表現できたとき、たとえその感情を引き起こした問題が解決していなかったとしても、それだけで心が少し軽くなっているはずです。不思議な気もしますが、自分の感情を言語化し、名前がつくことで、もやもやとした気持ちの正体がわかり、ほっと安心できたりするものです。

ステップ③ 感情の背景を分析する——

感情に名前をつけることができたら、それがどんな考えや経験から生まれているのか、背景（バックグラウンド）を考えてみます。

「なぜ、この感情はわいてきたの？」
「○○の感情がわいてきたのは、私のどんな考えや経験が影響している？」
「結局、なにが嫌だった？　私はなにから自分を守ろうとしている？」

感情と向き合うことから始めよう

人が怒りや不安、悲しみ、嫉妬、寂しさなどのネガティブな感情を抱くとき、単純に目の前の出来事がそうさせたというだけではなく、**その根っこには、自分の中に通じる大きな考えや想いが隠れている**ことがあります。

それはもしかしたら、「人はこうあるべき」といった固定観念かもしれませんし、「自分の尊厳を守りたい」「家族を幸せにしたい」などの強い意志かもしれません。なにかしらの特別な体験やトラウマが、必要以上に感情をわきあがらせているというケースもあります。

実際にモニタリングをするときには、ステップ②と③を同時に考えたり、順番を逆にして考えたりしても構いません。先に背景を分析することで、自分の感情の言語化がうまくいくこともあります。

ステップ④ 行動する（どう行動すればよかったのかを考える）

最後は、自分にとって好ましくないネガティブな感情がわいてきたときに、どう反応するのか（すでに起きてしまったことであればどう行動すればよかったのか）考えます。

その行動を考えるためには、次のような問いが役立ちます。


「私は○○と考えているけれど、それは本当に合っている？　根拠はある？」

「相手から見たら、この状況はどう見える？」

「今、この状況が起きていることに、ほかの理由や原因はある？」

「私が抱いている○○の感情は、本当に感じる必要がある？」

「そもそも自分は何がしたくて、この状況になってるんだっけ？」

「私はどうしたい？　相手にどうしてほしい？」

「○○することで、私や私の大事な人は幸せになる？」


試しに一つのエピソードを用いて、一緒にステップ④を行ってみましょう。

ランチに行く約束をしていた友人が、待ち合わせの時間になっても、約束の場所に現れません。電話をかけてもＬＩＮＥを送っても反応がないことにイライラしたあなたは、

5分後に走ってやってきた友人に対して、怒りの言葉をぶつけそうになりました。

そこでモニタリングを始めてみて、自分の怒りの根底には、「遅刻するなんて、友人は私ほど楽しみにしてなかったんだ」「遅れる連絡もよこさないのは、私や私の時間を尊重していないからだ」「お店に着くのが遅れたら席がうまってしまうかもしれないと焦っていた」といった考えがあったことに気がつきます。

ここからがステップ④です。よりよい行動をとるために、考えを深めていきます。

「友人が遅刻したのは、楽しみじゃなかったから？」

←

「誘いを断ることもできるのに来てくれたのだから、友人も楽しみだったはず。午前中の予定をがんばって終わらせて駆けつけてくれたのかもしれない。そもそも、悪気はないけど、どう努力してもやっぱり遅刻をしてしまう人もいる」

「友人は私の時間を尊重していない？」
↓
「友人は、一秒でも早く到着しようと、スマホも見ずに走ってきたのかもしれない」
↓
「お店の席がうまってしまうかもしれない」
↓
「焦っても状況が好転することはない」

こんなにたくさんのことを考えられそうにない……と思ったとしても心配しないでください。この問いは、あくまで一例。状況に合わせて、一つ二つ考えてみるだけでオーケーです。なにか一つ二つ考えるだけでも、急上昇した怒りが少し弱まるはず。相手に言いたくない言葉を言わないで済むはずです。

うまくモニタリングできれば、相手とよりよい関係を築くために自分の気持ちを冷静に伝えたり、「そんなに怒るほどのことでもなかった」と気持ちを立て直すことができます。そして、「そもそも、私は二人で楽しく食事をしたかったんだ」**と本来の目的に気づいて、怒りをぶつけることが、その目的からより遠ざかる行動だと気づくことがで**きます。

COLUMN

怒ってもいい

ステップ④では、友人が待ち合わせに遅刻してきたという例で考えました。制作裏話ですが、実は、この本の制作チームで最初にあがっていた例は、「二人でランチをしているあいだ、デートの相手がずっとスマホをいじっていたら」というものでした。

やさしいあなたは、感情をモニタリングをして、「そうだ、楽しい時間を過ごしたいから怒るのやめよう」と考えなおすことができて、めでたし、めでたし……？

いやいや！　怒っていいよ、この場合！と私は声を大にして言いたいと思います。

モニタリングによって怒りをしずめられることもありますが、「ここは怒ってもいいよな」と気づけることも、モニタリングの効果の一つ。自分が相手にないがしろにされたその時に気持ちを伝えられなかったら、後になってもその感情が消えずに、関係ないことに文句を言ってしまったり、不必要に相手を傷つける言葉をかけてしまいかねません。その場の感情を受容し、認識し、モニタリングを経て、「自分がリスペクトされていない」と感じるのなら、それはそのまま感情とともに伝えてもいいことです。

日本人、とくに女性は、本来、絶対怒っていい場面でも、怒ってはダメと思わされている節があります。モニタリングがそうした悪しき傾向を強化してしまうのは本意ではないので、考えた結果、怒っていいと感じた場面では、怒りましょう。

こんなときには

ケース① 不機嫌な上司がいても平常心を保つには

職場の上司がいつも不機嫌です。
相談したくても、忙しいオーラが出ていて、
なかなか話しかけられません。
職場の雰囲気も悪くて愚痴が多く、
私もネガティブな感情に
引っ張られそうになります。

場の雰囲気は、私たちのメンタルヘルスに大きく影響するもの。にもかかわらず、自分ではコントロールできない部分も多いのが悩みどころです。

こういうときにベストなのは、できるだけネガティブな環境に身を置かないこと、負のオーラを感じる場所や人から離れることですが、その場が職場や家庭だと、それも難しいでしょう。

まずは、自分自身が上司に対してどんな感情を持っているのか、詳しく観察してみましょう。たとえば、相談事があるのに話しかけるのを躊躇するとき、どんな気持ちでしょうか。

・話しかけたら怒られるんじゃないかという怖さ
・しっかりと仕事をしたいのに指示も出さず面倒も見ない上司への失望
・質問しているときに大きなため息をつかれたときの焦り

こんなふうに、不機嫌な上司の前で平常心でいられないときの感情を言葉にしてみます。そして、その裏側には、自分自身のどんな考えが隠れているでしょうか。

もしかしたら、過去に人前で怒られたり、不機嫌な対応をされたりしたことがバックグラウンドにあって、余計に恐怖心をかきたてられているのかもしれません。あるいは、自分の中に「上司とはこうあるべき」という固い信念があり、それに反する上司への怒りや落胆を増幅させている可能性もあります。あるいは、上司に嫌われたら査定に響くことが気になっているのかもしれません。

こんなふうに、あなたの感情の背景にあるものを、じっくり掘り下げてみましょう。

そして最後に自分自身の行動を振り返り、今後、どのような行動をするかを考えます。

このとき覚えておいてほしいのが、**コントロールできない状況下であっても、たいていの場合、万事解決にはならなくともどこかに自分自身で変えられることはあるという**ことです。

たしかに上司の不機嫌はコントロールできません。ただ、そもそも本当に不機嫌であるかどうかも、実はわからないんですよね。**人のことはわからない**というシンプルな心理に立ち返ることは、人間関係に悩んでいるときにけっこう重要だったりします。怒っていなくてもそういう態度をとってしまう人もいます。「本当は不機嫌じゃない可能性もある？」と検討してみる価値はありそうです。

また、不機嫌の理由が何かあるのかもしれません。「私の仕事のできなさに怒っている」と考えると怖いですが、その上司は家庭でトラブルを抱えているのかもしれません。できるだけ早く帰るために毎日必死で仕事を終わらせようとしているとしたら、どうでしょう。恐怖や嫌悪の気持ちが和らぎ、別の感情が生まれてきませんか？　こないかもしれませんが（笑）、少なくとも「あ、これはもう自分には関係ないことだ」と気持ちを軽くすることはできそうです。相手の事情に意識を向けると、こちらの心持ちが変わってくることはよくあります。

不機嫌に見える上司の態度は変えられなくても、上司の不機嫌さをどう受けとるか、この環境下で自分がどうふるまうかは自分で決められる、ということです。

　上司の顔色をうかがってしまうと、どうしても機嫌の良し悪しが気になって、こちらが平常心でいられなくなるものです。であれば、**「自分の仕事を全うすること」**や**「仕事の生産性を上げる」ことだけにフォーカスすると決めてみる**のも一つの手です。

「上司のあの態度、嫌だなぁ」「今日も、不機嫌だなぁ」と感じたら、「彼／彼女の不機嫌は私の責任ではなく、個人のものなので、私が機嫌を取ろうとしなくてもいい」「さぁ、私の仕事をしよう！」と心の中でつぶやいてみる。上司の不機嫌な態度を、そのときの自身の感情を、働くという本来の目的にフォーカスしなおすスイッチにしてしまうのです。

COLUMN

逃走でも闘争でもない道

「逃走か闘争か」という言葉があります。追い込まれて、「逃げるか、闘うか」しか道がなくなることを表したものですが、ここまでにも書いてきたように、現代は常に命の危機にさらされながら生きる時代ではありませんから、「逃走か闘争か」という事態はほとんど訪れません。

機嫌が悪い上司がいたときにも、なるべく事を荒立てずに距離をとる（逃走）か、反発して衝突する（闘争）かのどちらかしかないわけではなく、「働きかける」という第三の道もあることを覚えておいてほしいです。

自分の感情と考えを見つめ直した結果、やはりこれは大きな問題だから、上司あるいは上司の上司と問題解決のために会話をしなければならない、という判断をすることもあるでしょう。もちろんその会話の場においても、感情に先行されてしまうと「逃走か闘争か」の選択肢しか見えなくなってしまうので注意は必要です。

逃走でも闘争でもなく、環境に働きかける。そのためには、一回立ち止まって、感情と向き合って考えを整理します。そうすることで、どのような行動に出ることが一番自分の望む労働環境が得られるのかが、クリアに見えてくるものです。

そこで、上司や会社との会話がどのような結果になったとしても、自分の心と向き合った過程が人生の糧となると私は信じています。

こんなときには

ケース② 子どもが言うことを聞かずにイライラ……

在宅で仕事をしています。

子どもが家にいると思うように仕事が進まず、心に余裕がありません。

仕事のために早く子どもを寝かしつけたいと考えていたときに、お風呂で遊んでしまってなかなか出ようとしない子どもに、大声を出して泣かせてしまいました。

「早くお風呂に入りなさい」「早く寝なさい」と命令しても、子どもは親の言うとおりには動きませんよね。それどころか、怒ったり叱ったりすることで余計に事態は悪化することも……。そう頭ではわかっているのに、仕事に追われていたり疲れていたりすると、つい強くあたってしまうのだと思います。

大切な案件のしめきりが迫っていたりして不安や焦りを感じると、「状況をコントロールしたい」という思いが増し、思い通りにいかないことにはイライラしてくるものなのです。誰でもこんな経験はあるのではないでしょうか？

イライラしてくると色んな考えが頭をよぎるものです。私の場合は、子どもがいつまでも片付けをしなかったときに「子どもたちが私の言うことを聞かないのは、私へのリスペクトがないからだ」と考えたことがありました。そのときのモニタリングを例にとって考えてみます。

自分の心に問いかけます。

「子どもたちが私の言うことを聞かないのは、私へのリスペクトがないから、というのは本当？」

↓

「いま私は、このイライラした感情を感じる必要が本当にある？」

↓

「この場で必要なのは、子どもに私の言うことを聞かせること？　それとも部屋を片付けさせること？」

こんなふうに思考をめぐらせていくうちに、徐々に冷静になり、

「私へのリスペクトがない！」

↓

「子どもは単純に遊ぶのが楽しくてやめられないだけで、私へのリスペクトを持っているかどうかとは関係ない」

「子どもが言うことを聞かない！」

←

「本来の目的は言うことを聞かせることではなく、片付けてもらうこと。どうしたら子どもが片付けたくなるかを考えよう」

と思いなおすことができるかもしれません。

私たちは、ネガティブな感情を自覚したとき、怒ったり叱ったり泣いたりして、そのネガティブな感情の原因になった相手をなんとか変えようとしてしまいます。もちろんそれが有効なときもありますが、違う対処法もあるのです。そこで一旦立ち止まって、**その状況が生まれている原因と、そもそもの目的（自分が果たしたいこと、ゴール）を明らかにすると、**少し心に余裕が生まれ、やるべきことが見えてくるはずです。

そしてここでも、「いま子どもは、どう感じているだろう？」と相手の視点で考えてみるのも有効です。

親子関係では、親側にパワーバランスが傾きがちです。

「子どもは、いまなにを感じているだろう？」

「私が子どもと同じ立場だったら、どんな言葉をかけられたいだろう？」

そういう場合は、より意識して相手（子ども）の視点から捉えなおせたら、と思います。これは、職場において自分のほうがパワーを持っている場合でも、同じです。


また、ある程度、言葉が理解できる年齢になれば、「パパ／ママは、実は今日、やらなきゃいけない仕事がたくさんあって、焦っているんだ。協力してくれる？」「仕事が重なって、ついイライラしてしまったんだ。大きな声を出してごめんね。あなたに怒っているわけじゃないよ。パパ／ママは、やらなきゃいけないことに追われている状況が苦手なんだ。あなたのせいではないからね」とストレートに伝えてみるのはどうでしょうか。

たとえ子どもが納得してくれなかったとしても、きっと自分自身の罪悪感は薄れ、心の負担が少し軽くなるはずです。

COLUMN

叱るより楽しいやり方

私は、子どもに何かを促すときには、なるべく「やりなさい」「やめなさい」とは言わずに、自発的に動いてくれるように、ゲーム感覚で働きかけることがよくあります。

遊びが楽しくてお風呂からあがりたがらない息子には「早く切り上げなさい」と言うのではなく、「まだ遊びたいよね。ママが30分時間を巻き戻せる魔法を使えたらいいのにね」と声をかけたりします。すると、「えっ！　魔法？」と、子どもの興味が移り、「映画でそんな魔法があったよ！」と、お風呂からあがったことがありました。また、ボートとダイバー、サメなどの人形で遊んでいた日には、「おもしろい話をつくってるんだね。明日も続けられるように、おもちゃをここに残しておこうね」と声をかけたことも。

早く服を着てほしいときには、「目をつぶったまま着れるかな？」とか、時間を計って「10秒で着替えられるかな？　10、9、8、7……」とカウントダウンをしたり。歯磨きのときは、子どもが口を開けたり閉じたりするあいだにママが頑張って歯を磨けるか、というゲームにしてみたりもしました。

もちろん、こうした働きかけが毎回うまくいくわけではありませんが、日常の中の一つ一つで子どもたちにオーナーシップ（3章参照）を感じてもらうのは大事なことだと思っています。

なにより、私自身も、叱るより楽しんだほうがやりやすいし、楽しいですしね。

こんなときには

ケース③ 受験の失敗から立ち直れません

ほかのことを犠牲にして一生懸命に勉強してきましたが、
受験に落ちてしまいました。
毎日つらくて、悲しいです。
「もっとこうしておけばよかった」
という後悔もあります。
切り替えて前を向かなきゃと
頭ではわかっていますが、
なかなか立ち直れません。

これまで説明してきたように、感情は生存本能と強く結びついています。つまり、**強い感情がわきあがってくるとき、脳は、一生懸命に生きようとしている**ともいえます。

いま、悲しみやつらさの真っ只中にいて、心に嵐が吹き荒れているのだと思います。つらい気持ちを感じつづけるのは苦しいですが、脳はそのくらい必死に生きようとがんばっているんだと、労いの気持ちを持って、自分の心を見つめてみましょう。

モニタリングのプロセスはこれまでと同じです。自分の中にある感情を言葉にし、その背景を探り、これからどう行動していくのかを考えます。

こうした、とてもつらい状況にあるとき、ぜひ心に留めておいてほしいのは、**たった一つの出来事が、あなたの価値を決めるものではない**ということです。

受験に失敗したり、失恋したり、ビジネスでうまくいかなかったりしたとしても、それはあなたを構成する要素のほんの一つでしかありません。

受験に失敗したということが意味するものは、ただ一つ、「そのとき出題された問題を決められた時間内に解くという行為において、自分よりうまくできた人がいた」ということだけです。自分の価値や積み重ねてきたことを否定するものではありません。

それに、他の問題が出題されていたら合格したかもしれませんし、長い目で見たら、その学校ではなく他の学校に入学して良かったと思うかもしれません。

すべての出来事は人生の通過点。ある出来事が自分にとってプラスだったかマイナスだったかは、その場では誰もわからないのです。

受験の不合格も、失恋も、ビジネスの失敗も……なにか手に入らなかったときには、相性が悪かっただけ、巡り合わせが良くなかっただけ。実は、他にもっと合う場所や人、仕事があるサインだと私は捉えています。

こんなときには

ケース④ 人の目を気にしすぎる性格を変えたい

人からどんなふうに思われているかが、気になります。
厳しめのママ友の前でわが子が騒いだとき、
いつもであれば見守るレベルだったのに、
「ママ友はどう思うだろう？」
「母親失格だと思われる！」と、
必要以上に厳しく
子どもを注意してしまいました。
その後、自己嫌悪に……。

他人から悪く思われたくない、人から評価されたいという気持ちは、脳科学の視点から考えるとごく自然な感情です。

人類は古くから群れをつくって、仲間で協力し合いながら生きてきました。そのため、**他者から有益な情報を得たり、困ったときに助けてもらえる関係性を築いたり、集団のリーダーから承認・評価されたりすることは、生存にかかわる大切な力だったのです。**そのため人の脳は、自身が所属するコミュニティにいる人から好かれていると快楽を感じ、反対に嫌われたときにはネガティブな感情を生み出すようにできています。

人の目が気になる、なるべく嫌われたくないというのは、自然な感情です。「なんで気にしちゃうんだろう」と悩んだり、あとから自己嫌悪に陥ったりする気持ちはわかりますが、自分の感情を否定せずに、「生存本能が働いているんだな」「無意識にわいてきてしまう感情だから、仕方がないよね」というくらいの心持ちでいてよいと思います。

そのうえで、しつけに厳しいママ友の前で、自分の子どもがわがままを言ったり、騒いだりしたときの気持ちを思い出してみましょう。

ママ友がどう思っているのかという不安を感じていたでしょうし、もしかしたら恐怖に似た感情を抱いていたかもしれません。あるいは、子どもに対して「なんでいま、わがままを言うの！」と怒りを感じていた可能性もあると思います。

仮に、「不安」という感情を持っていて、その不安の裏側には、「この人から、ダメな母親だと下に見られたくない」「バカにされたくない」という思いや考えがあったとします。

そのとき、自分の心に問いかけてみてください。

「その人にバカにされたり、母親失格と思われたとして、その結果、私や家族は不幸になる？」

「その人と子育て方針が違ったら、もうママ友付き合いはできない？」

「その人自身も本当は子どもに厳しくしてしまう自分が嫌なのかもしれない」
「これから先、ママ友とどんな付き合い方をしたい？」

この問いにどう答えるでしょうか。

「あの人にバカにされても、私の生活にはなんら関係がない」「子育ての方針が違っても、このままの関係は続けていける」と思うかもしれませんし、「子育てについてもっと彼女の話を聞いてみよう」「あまりにも価値観が違うから、少し距離を置いてみよう」などと今後の付き合い方の方向性が定まるかもしれません。

モニタリングで自分の感情を観察して、状況や思考を整理しておくと、次に同じような場面に遭遇したとき、少し心の持ち方が変わってくるはずです。不安や恐怖の正体がわかれば、以前よりは心が乱されなくて済むと思います。

モニタリングのワークシート

悲しみや怒り、焦り、嫉妬、寂しさ、切なさ、もやもやを
感じたときのことを思い出して、モニタリングしてみましょう。

ステップ1 自分の感情に気づく

ステップ2 感情を言葉にする

ステップ3 感情の背景を分析する

ステップ4 行動する/どう行動すればよかったのかを考える

COLUMN

少しずつ、焦らずに

モニタリング、いかがでしたか？　難しいですよね？　感情に気づくことも、言語化することも、行動をよりよく変えていくことも、すぐにはできないかもしれません。でも、そこで投げ出してしまわずに、ゆっくり取り組んでほしいと思います。

　私自身もモニタリングがいつもうまくできるわけではありません。たとえば、私は眠気に弱いので、夜眠いときに子どもたちが思うようにしてくれないときなんかは……。そんなときの私の姿はとてもみなさんに見せられたものではないですし、この本を自分自身に送ってあげたいぐらいです。

　ただ、ふだんから感情をキャッチしようと心がけていると、徐々に「お腹がすくとイライラしやすい」「タスクが重なると、焦ってしまう」と、自分の感情の傾向がわかってきます。私の場合であれば、「睡眠不足のときこそ感情を感知して、考える努力をしよう」と、心の準備ができます。あるいは子どもたちに、「ごめんね、ママ、夜眠いときはすぐ怒っちゃうから、できれば夜はママの言うことなるべく聞いてくれると嬉しいな」と伝えてしまうのも、全然ありですよね。

　最初は、余裕のあるときに過去の出来事を振り返ってモニタリングをすることから始めてみて、だんだんと出来事からモニタリングするまでの時間を縮めていくとよいでしょう。繰り返し練習し、習慣化していくことで、上手になっていくはずです。

2章

モニタリングがうまくなるワーク

モニタリングは、自分が感じている感情をしっかりとつかまえることが大事ですが、まさに言うが易しで、実際にやってみるのは思いのほか難しいものです。

モニタリングをスムーズに行えるようになるために、いくつか心がけておくとよいポイントがあります。

・自分の気持ちを感じ取って言葉にする習慣づけ
・自分がどんなときにどんな感情になりやすいか傾向をつかんでおく
・自分の感情を捻じ曲げたり、ふたをしてしまうような〝考え方のクセ〟に気づく

この章では、それらが上手になるためのワークをいくつか用意しました。それぞれ、CBT（Cognitive Behavior Therapy／認知行動療法）に基づくワークで、モニタリングの助けになると同時にそれ自体がモニタリングの一つともいえますし、取り組むことで、ストレスを軽減して前向きに生きることの下地をつくってくれます。

また、この章のワーク1~3には、それぞれの最後のページに書き込み式のワークシートもつけているので、余裕があるときに、じっくりと挑戦してみましょう。

まずは自分の心と対話するイメージで、この章のワークに取り組んでみてください。すべて完璧にやろうとせず、自分に合ったものを選んで、まいにちの生活の中でたまに意識してみるだけでもよいと思います。

自身の内面を見つめ、心の声を聞いてみましょう。

WORK 1

その考えにチャレンジしてみる

一つ目のワークは、「考えにチャレンジしてみる」ことです。

これは、そのままモニタリングの一連の流れと重なるところが多いワークでもあります。

チャレンジするというのは、普段は生まれては流れていってしまう自分の「考え」に対して、能動的に向き合ってみる、積極的に働きかけて検討してみる、というイメージでしょうか。

あなたの感情に動きがあったときのことを思い出し、次のような流れでチャレンジしてみます。

①場面：シチュエーション。何が起こった？
②考え：そのとき自分に浮かんだ考え
③感じたもの：そのとき自分が感じたものすべて
④その根拠：なぜ②の考えが浮かんだのか、その根拠は？
⑤対抗する根拠：②の考えに対抗する根拠は？（もしかしたらそうじゃなかったかも？）
⑥新たな視点：④と⑤を秤にかけて、もう一度冷静に捉え直してみよう

頭に浮かんだ考えをよく吟味し、違った角度から捉えなおす過程にフォーカスしたワークです。

サンプルを一つあげて考えてみましょう。

①場面

同僚が、私が立案したプロジェクトを、自分が考えたことのように上司に提案しているところを目撃してしまったとします。

②考え

ひどい、ずるい。私が生み出した価値を強奪されている。私自身の価値が人の手で奪われてしまった。それも、信頼していた同僚だったから、なおさら信じられない。

こうした考えが、瞬間的にわき立つかもしれません。

③感じたもの

怒り。興奮。ひどいものを見てしまったという、吐き気にも似た気持ち。指先の震え、恐怖心。

などなど、心身に感じたことはなんでしょうか。

④その根拠

「そのプロジェクトはオリジナリティの高いアイデアで、つい最近その同僚に相談したばかりだった」

「上昇志向が強い同僚は、私を出し抜こうとしている」

「私が相談したとき、彼／彼女は積極的に賛成しなかった。それはそのアイデアに対して私に自信をなくさせて、後で自分の手柄にしようと思ったからに違いない」

　このように、なぜ自分が②のように思考したかを裏付けるような根拠を考えます。

⑤対抗する根拠

「その同僚は入社以来の仲だから、関係を壊すようなことをするとは思えない」

「その場を目撃した瞬間、とっさにアイデアを横取りされたと考えたけど、もしかしたら同僚は、あくまで私のアイデアとして上司に報告していたのかもしれない」

「彼／彼女は決定権のある上司の直属の部下だから、私の案を通しやすくするために事前交渉をしていたのかもしれない」

　など、今度は、②の考えに対抗する根拠をあげてみましょう。

⑥新たな視点

　④と⑤を客観的に秤にかけて、建設的な考えとその後の行動を導き出します。

「この先、同僚が私との関係をこじらせてまで社内でのし上がっていこうとするようには思えないから、おそらく私の思い違いか、彼／彼女の一瞬の気の迷いだろう。

仮に同僚が自分の案として話していたとしても、このプロジェクトは私のリードなくして進められるものではないから、いずれ私のところに返ってくる。そのときのために粛々と準備をしておこう」

のような結論にたどり着くかもしれません。

さて、ここで**闘争か逃走ではなく「働きかける」という選択肢もある**ことを思い出してください。自分のプロジェクトを同僚に取られるかもしれないという事態においては、ずっと受け身でいる必要はありません。「それは私は許容しない」という意図をはっきりさせてもいいと思いますし、闘わずにその意図を示す方法もあるでしょう。

例えば、同僚には、「さっき私の案について上司と話しているのを見たんだけど、上司の反応はどうだった？　何かいまできることはあるかな？」とごく普通に聞いてみるのもよいと思います。あるいは、オープンオフィスなどでの会話だったのなら、同僚が上司に話しているところで、「あ、先日私が提案したアイデアの話ですか？　ぜひ私も参加させてください」と会話に入っていく方法もあるかもしれません。

こういったモニタリングや介入を経ても、同僚には怒りを感じるという結論に至ることもあるでしょう。感情に任せて怒るのはよくありませんが、しっかりと考えたうえで、怒るという行動をとることは悪いことではありません。

働きかけを経ても納得がいかないと感じた場合には、自分の傷ついた思いを相手に伝えることも、自分の心を守るために重要な行動の一つです。

チャレンジの流れ

ここまでのサンプルを踏まえて、実際に自分の考えにチャレンジしてみましょう。

①場面

今回、モニタリングしたいのはどんな場面ですか？　具体的に何が起きたのか、状況を書き出してみましょう。

思い出すときには「5W1H（いつ、どこで、誰が、何を、なぜ、どのように）」が役に立ちます。

②考え

①の状況下で、どんな考えが頭をよぎりましたか？
あなたを悩ませている思考はどのようなものでしょうか。

ここでは、パッと浮かんだ考えをすべて書き出してみましょう。

できれば、「相手は私のことが嫌いなんだと思った。その後、なぜ嫌われなければならないんだろうと怒りがわいてきた」というような感情の変化も詳しく書き留めておきます。


ネガティブな思考を再現するのは、つらいかもしれません。苦しみが強いときは、「まだ振り返る時期じゃない」とやめてしまって構いません。問題をひとまず横に置いて、よりよいタイミングを待つのも大事なことです。

③感じたもの

ここでは、心のほうだけでなく、体に直接的に感じる感覚にも目を向けてみます。

「胸がしめつけられて息苦しくなった」「体が熱くて、手に汗がにじんだ」「走った後のように心拍数が上がっていた」「眠くて仕方がなかった」「なぜか笑いたい気分だった」など、心身の反応を記していきます。

④その根拠

「②のように考えた根拠」は何でしょうか？

根拠となるエビデンス（事実）をあげてみましょう。

根拠について考えるとき「事実」と「意見」を分けることが大切です。ここではなるべく、考えを裏づける事実や証拠をあげてみてください。

⑤対抗する根拠

続いて、「②の考えをくつがえす根拠」、つまり、〝自分の考えが間違っているとしたときの根拠〟についても考えていきます。実際にはいま自分は②の考えを持っているわけですが、あえて反対意見も探してみる、ということになります。

「②の考えをくつがえす事実はある？」
「もっとポジティブな見方はできる？」
「現実的に考えてみると？」
「相手からは、この状況はどう見えている？」

などと考えてみます。

自身に起きた状況を客観的に捉えるのが難しければ、同じような状況にある友人に相談されたと仮定し、「私はどんなアドバイスをする？」と考えてみてもいいでしょう。

⑥新たな視点

④（あなた自身の考えを裏づける根拠）と⑤（あなた自身の考えをくつがえす根拠）を見比べて、もう一度、起きた出来事やわきあがってきた考えにフォーカスしてみます。

「あなたは、いまどう感じていますか？」

「あなたの感情や考えに、なにか変化は起きましたか？」

もし、あなたの考えになんらかの変化が生じていたり、新しい視点が加わっていたりしたら、それは立派なモニタリングです。

最初はうまくいかなくても大丈夫。この章のワークを使って練習することで、少しずつ上達していきます。

WORK 1

その考えにチャレンジしてみる

1 場面 何が起きた？

2 考え どんな考えが頭をよぎった？

3 感覚 心身に感じたものは？

4 根拠 2の考えについての根拠

2のように考えた根拠	2の考えをくつがえす根拠

5 モニタリング 2つの根拠をふまえて客観的に見てみよう

WORK
2
認知のゆがみを知る

人はそれぞれ、考え方のクセのようなものを持っています。ごくわかりやすい例でいえば、忘れ物をしてしまって友だちに貸してもらうことになったとき、「自分はなんてダメなヤツなんだ。友だちに迷惑もかけたし」と落ちこむ人もいれば、「友だちが貸してくれてラッキー！　しかもこれを機に仲良くなれるかも」とワクワクする人もいますよね。

こうした物事に対する考え方のクセが、私たちを苦しめ、生きにくくもします。とくに、過度に悲観的に物事を捉えてしまっている場合、それはもはや現実をゆがめて認識してしまっている、さらにいえば何かに化かされて幻想を見てしまっているともいえます。そのクセを直さないかぎり、まいにちを生きていくのは相当に困難なものになってしまいます。

このような、現実をゆがめて認識してしまうほどのクセを、脳神経学的には、「**認知のゆがみ（Distortion／ディストーション）**」といいます。ディストーションがよいほうへ働くこともなくはないのですが、これが無意識に働き、ストレスの原因となっていることがままあるので、その正体を明かしておいて損はありません。

そこで、ここでは様々なタイプのディストーションを知り、自分がそれにとらわれていないかを知るワークを紹介します。

また、「自分が物事をどう捉えることが多いのか」という考え方のクセを知ることは、モニタリングにも役立ちます。

自身の傾向を把握しておけば、「また、あの考え方のクセが出ているから、気をつけよう」と、悪いほうへ向かわないように方向転換できますよね。その都度、軌道修正できれば、感情の波も小さく抑えられるはずです。

これから紹介する代表的なディストーションの例を、自分自身の考え方と照らし合わせてみてください。考え方のクセを今すぐガラッと変えるのは難しいですが（無理に変えようとしなくてもいいものかもしれませんし）、こうした考え方のよくないクセがあるということを知るだけで、視点が変わることもずいぶんあるはずです。

どんなクセがついている？

ディストーションの正体をつきとめるために、まず、最近感じた、怒りや不安、心配、焦り、執着、もやもやなどのネガティィブな感情を思い出します。無意識にわきあがってきたネガティィブな感情や、あなたがいま感じている嫌な気持ちを、なるべく包み隠さず言葉にしてみましょう。

あわせて、ネガティィブな感情が生まれた背景や原因、そのネガティィブな考えによって、どのくらいの苦痛やストレスを感じているかも考えてみます。

そのネガティィブな感情の背景には、ディストーションがあるかもしれません。ここから先は、当てはまるものがないか考えながら読んでみてください。

ゼロヒャク思考

物事を「0か100か」という極論のみで考えてしまう思考スタイルです。「全か無か思想」ともいわれ、完璧主義の人がなりやすいです。「白黒つけないと気が済まない」「失敗したら何もかも意味がない」というように**二者択一の思考パターン**に陥っています。

このディストーションがかかっていると、たとえば優勝を目指していた大会の決勝戦で負けてしまったときに、「優勝できなかったから、すべて無駄だった」と感じてしまうかもしれません。

何か一つマイナスな要素があったとしても、「全部ダメだ」ではなく、「これはできないけど、この部分ならできる」とか、「いまはダメだけど、これからよくなってくるはずだ」といった**「間」に目を向ける習慣をつける**といいですね。

たとえ優勝を逃したとしても、０か１００かではなく、「準優勝できたことは誇っていい」「今まで努力してきた事実は変わらない」「努力の過程で得たものがある」といった勝ち負けの間にあるものに目を向けられれば、まいにちのクオリティは格段に上がっていきます。

また、ゼロヒャク思考が他人に向けられると、人の小さなミスが許せず、厳しい対応をとってしまうことにもつながります。

さらに、すべてが白か黒にはっきり分けられるものだと思い込んでいると、「ワクチンは効くのか効かないのかはっきりさせて！」といった態度をとるようになってしまうのも大きな問題だと思います。本来、「こういう人にはどれだけの効果の可能性が認められていて、一方でこういう人にはこんなリスクがどれだけの確率で予想されている」といった**さまざまな要素がグラデーションで存在するのが現実であり、「必ず白か黒で分けられるはず」というのは、現実をゆがめて見ている幻想**なのです。

過度な一般化

たった一つの出来事から、すべてのケースにおいてそうだと思いこみ、結論づけてしまうディストーションです。

仕事で資料の作成ミスをしたときに、落ち込むあまり、「自分は何一つ仕事ができない」と自己嫌悪に陥ることがあるかもしれません。でも実際には、たとえ資料の作成が苦手なのだとしても、その他の仕事の得手不得手とはまったく関係ありません。それどころか、実際にある現実は、ただその資料の作成において一度ミスをしたというだけで、資料作成が苦手というものでもないはず。これが「過度な一般化」の罠です。

別の例をあげれば、仕事の面接に落ちたという一例を根拠に、「私は面接というものには受からないんだ」と一般論のような結論づけはできないはずなのに、私たちは、たびたびこうした思考に陥ってしまいます。

たった一回だけ自分に起きた不幸が、この先もずっと繰り返されるように、あるいは別のケースでも起こるように思いこんでしまうのです。過度な一般化はモチベーションを下げ、自身の可能性が最大限に発揮できないように自らを制御してしまいます。

もう少し広い視点で見てみると、いま世界のあらゆるところで起こっていることですが、

ある時に一人のアジア人から嫌なことをされたという経験だけを根拠として、「アジア人は全員が嫌なやつだ、アジア人が憎い」と結論づけたりするのも、「過度な一般化」の危険な一例です。

ネガティブ〝だけ〟を見る

物事には良い面と悪い面の両方があるはずなのに、悪い面ばかりに目がいく、というディストーション。一般に「マイナス思考」といわれるものが、これにあたるかもしれません。

テストの点数が１００点満点中80点だった

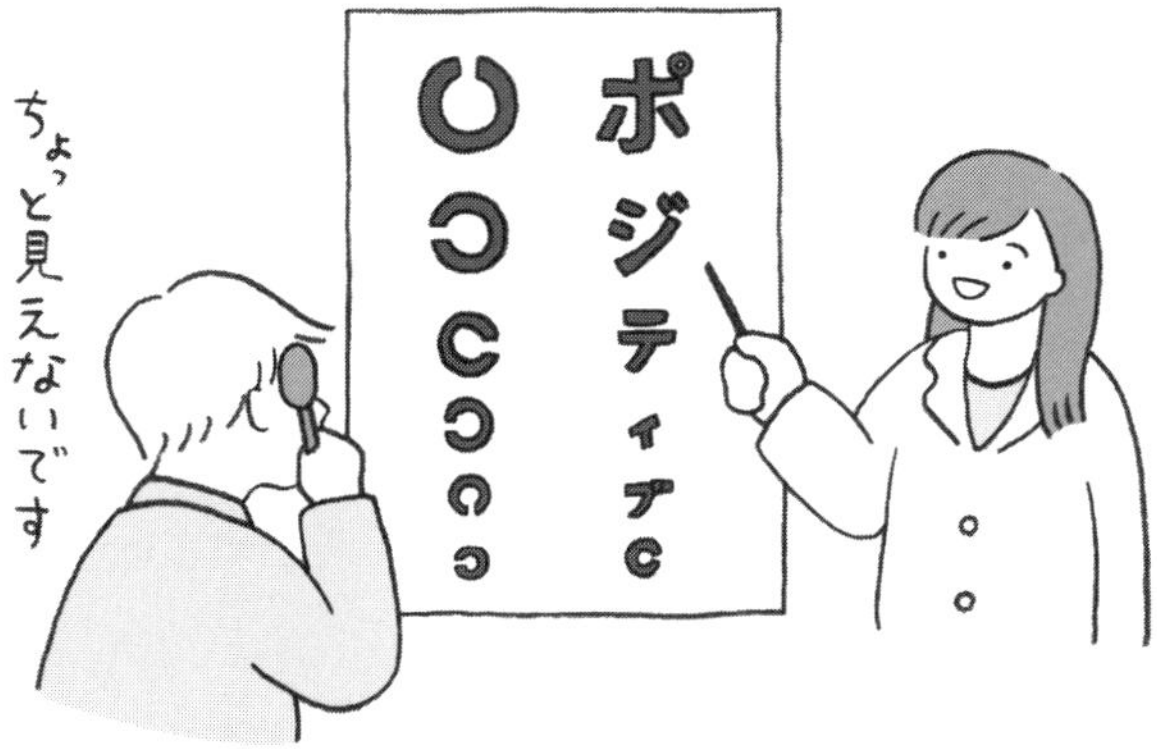

とき。「80点もとれた！」とポジティブな面を見るのではなく、「20点分も間違ってしまった……」というネガティブな面に気をとられ、落ちこみます。

大好きな人と多くの時間を楽しく過ごせた一日でも、ある瞬間にわずかに恋人が見せた疲れた表情が気になり、「嫌われたかもしれない」と気に病んでしまうのです。

それ以上にたくさんのポジティブな瞬間があったはずなのに……！

良いところを認めない

ポジティブな出来事や結果を否定・軽視する考え方のクセです。

人から褒められたり、「あれは良い経験だったよね」と声をかけられたりしたときに、**「いや、でも……」とつい否定的な言葉で打ち消してしまう傾向**が、とくに日本人には多いかと思います。

テストに合格しても「たしかに合格はしたけれど、簡単な問題だったから誰でも受かる」「他の人にとっては大事なテストかもしれないけれど、私にとっては重要ではなかった」などと、ポジティブな出来事の価値を下げようとします。

人に優しくされたときにも、「ビジネスの都合上、優しくしているだけ。本心ではない」と感じたり、「今日は、たまたま相手の機嫌がよかっただけ」と捉えたり、受けとったポジティブな気持ちをなかったことにしてしまいます。

いやいや、ポジティブな物事は素直に受け止めようよ！　ということですね。

論理の飛躍

目の前の現実から根拠もなく飛躍して、悲観的な結論に結びつけてしまうのが、「論理の飛躍」です。

「心の読みすぎ」や**「勝手な未来予知」**と呼ばれる飛躍の種類があります。

心の読みすぎは、英語ではmind readingと呼ばれるもので、**相手の胸の内を勝手に推測してしまう**ことから始まります。他人のことはわからない、という基本原則から離れてしまうわけです。

たとえば、遠くで友人たちがこちらを見て笑っているのを見たとき、なんの根拠もないのに「きっと私のうわさ話をして笑っているんだ」と感じたり、遊びの誘いを断られたときに「私が嫌われているからだ」と思ったり。

「勝手な未来予知」は、脳神経学的にはfortune tellingといわれ、一般には「占い」、あるいは「予言」を指す語彙でもあります。

「勉強しても、絶対に不合格になる」「パーティに参加しても誰も声をかけてくれないだろう」などと、何かささいな出来事をきっかけに、まだ起こっていないことを悲観的に決めつけます。また、たまたま占った通りの結果になるとますます思いこみに拍車がかかり、論理の飛躍思考が強まるのも特徴です。

宿題で問題を一つ間違えた　↓　今度のテストで赤点だ　↓　受験も落ちるに違いない　↓　進学できないし、将来何の仕事にも就くことができない　↓　孤独で不幸な人生を送るに違いない……

といった、まわりの人から見れば、「どこ

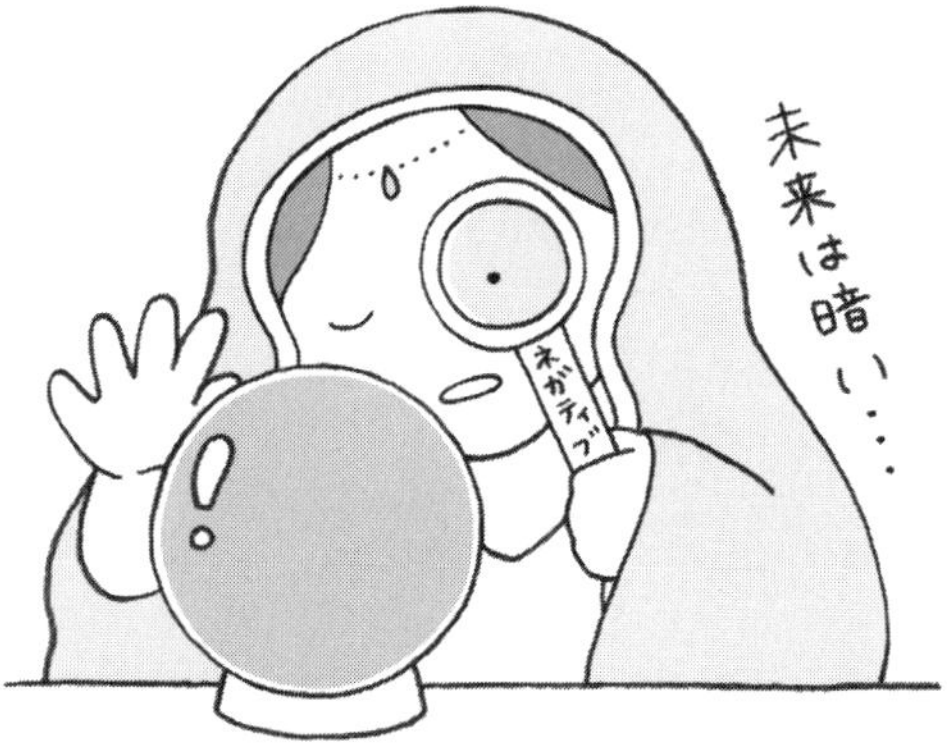

の占い師なの？」というつっこみが入りそうな思考法（英語で、「ほらまたfortune tellingしてる！」のような言い回しがあります）ですが、当人は気づかぬうちにそこまで沼にハマってしまうことも。

個人の問題化

何かの出来事や他人の言動や行動を、自分個人の問題や責任に落とし込んでしまうディストーション。

たとえばパートナーがイライラしているとき、実際には仕事で疲れているだけかもしれないのに、「私がなにか苛立たせるようなこ

とをしたから」と思ってしまったり、同僚に挨拶されなかったのは、ただ気づいていなかったり、考え事をしていただけかもしれないのに「自分が嫌われているからだ」と考えたり。

またよくあるのが、「私が応援すると必ずチームが負けるから、見ないようにする」とか、「私がいるからこの会社の業績が悪いんだ」のように、明らかに自分に責任のないことまで自分事にして捉えてしまうこと。他にも、SNSで誰かが投稿したひと言に対して、「これ、自分に向けられた言葉だ！」と思ってしまうこと、ありませんか？

「すべき」「あるべき」思考

「こうすべき」「こうあるべき」と強く考えてしまう思考スタイル。

人生にはルールどおりにいかないこと、理想どおりに進まないこと、ときに清濁併せ呑まなければならないことがたくさんあります。しかし、「こうすべき」「こうあるべき」という考えが強すぎると、第三の道を模索するといった柔軟な選択ができず、本来の目的から遠ざかってしまうことがよくあるのです。

他人に対しても「すべき」「あるべき」の思考が強まれば、当然生きづらくなります。自分の期待と異なる行動・言動に触れるたびに失望しイライラし、自分自身に対しても怒りや嫌悪を感じてしまいやすくなります。

自分の中の「こうあるべき」という考えが、本当にその場においてふさわしいものかどうかを考える余裕も欲しいと思います。

「男なら泣くな」「女性はつつましく」といった、はっきりと有害な「べき思考」に自分がとらわれていないか自戒が必要ですし、社

会で共有されている固定観念や自分の個人的な経験から獲得した信念が他人を不当に苦しめている可能性も、いつも頭に入れておきたいものです。

とくにこれらは無意識に働いている場合も多いので、じっくりとモニタリングしてみたい要素の一つです。

拡大解釈＆過小評価

これは言葉のままの意味で、物事を捉えるときに、事実をそのまま受け入れずに拡大解釈したり過小評価してしまうことです。この本でも紹介しているラジカル・アクセプタンスの考え方のとおり、物事をあるがままに受

け入れることが大切です。

感情的な理由づけ

真実を知ろうとするときに、自分の感情を最も重要な根拠としてしまうディストーションです。

自分が感情的に「こうだ」と思ったことは、客観的な事実がないのに、「そうに違いない」と思いこんでしまいます。気分の良し悪しによって物事を判断したり、自分の感情自体を〝事実を裏づける証拠〟にしてしまったり。

たとえばピアノの発表会を前にして、技術

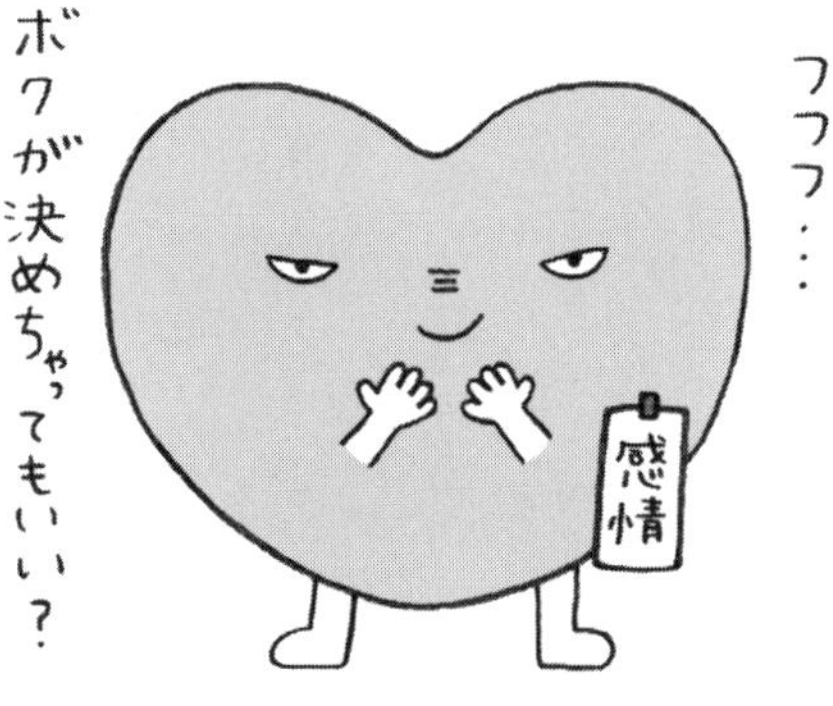

的、経験的には問題なく演奏できるはずなのに、自分の緊張や不安を根拠に、「本番で失敗するに違いない」と考えたり、そのとき先生や家族がたまたま声をかけてこなかったら、「私が失敗すると思ってるからだ」などと、感情を根拠にしてちょっとアクロバティックな結論づけをしてしまいます。

ただし、他人の態度などに違和感を感じたときに、必ずしも「これは感情的な理由づけをしてしまっていて、私の思い違いだ」と考える必要はないと思います。たとえば、上司が自分にだけ厳しい態度をとっていたりして、「なんか、私への対応が変」と感じたときには、その感覚が当たっていることも多くあるものです。

とくに相手が先生などの上の立場の人だった場合、そうした理不尽な態度も「あなたの思い違いですよ」と、下の立場の人の感じ方のせいにしてしまう例も多いので、「○○に違いない」と決めつけない努力をしつつも、無理にその直感を否定しないでほしいと思います。

WORK
2

認知のゆがみを知る

1 ネガティブな考えを書き出してみよう

私がいま感じている嫌な気持ち、考えをつつみ隠さず。
その理由、原因も考えてみよう。

ストレスの強度はどのくらい？

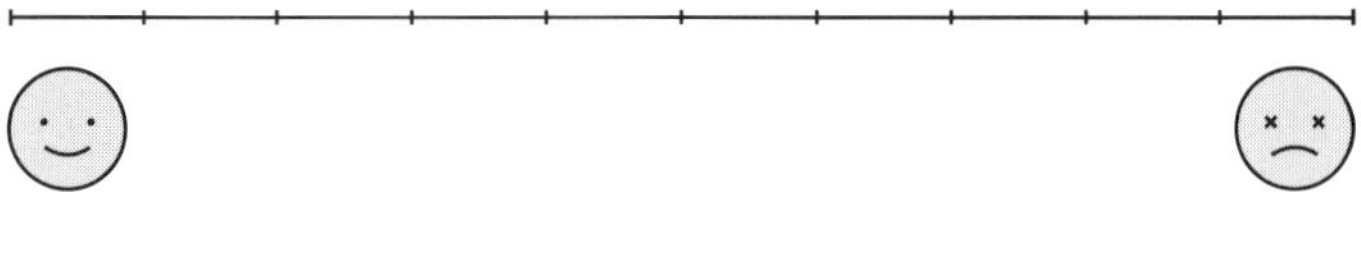

2 もしかしたら、認知のゆがみかも

ここまで見てきたディストーションのうち、
どれかが働いてしまっていないか考えてみよう。

3 新たな視点

2をふまえて、本当に1のように感じる必要があったのか、
何かできることはないか考えてみよう。

WORK

3

不安や心配な気持ちのなだめ方

三つ目に紹介するのは、不安や心配の感情を自分自身でマネジメントするためのワークです。


「同僚から嫌われているんじゃないか？」

「やると宣言したけど、本当にできるんだろうか……？」

「組織から認められていない気がする」

「このまま、いまの生活を続けていいの？」


日常の中にある、ざわざわとした不安や心配の気持ち。どこかそわそわ、ふわふわした、地に足がつかないような不安定な感覚になるときってありますよね。そんな不安や心配の感情がわきあがってきたときに、ぜひこのワークにトライしてみてください。

ステップ① いま、自分は何を感じているか

五感（嗅覚・聴覚・触覚・味覚・視覚）をフルに使って、「いま、ここにいる自分」を感じましょう。一つ一つ、自分に問いかけてみてください。

・いま、どんな匂いがしていますか？
・いま、どんな音が聞こえますか？
・いま、どんな感触がありますか？（足の裏で地面をちゃんと感じられていますか？）
・いま、どんな味がしますか？
・いま、なにが見えていますか？
・いま、なにを感じていますか？

ステップ② 自分が「コントロールできること／できないこと」を考えてみよう――

続いて、不安や心配の感情を生み出している状況や問題について、客観的に考えていきます。質問は次の通りです。

・この状況、問題において、あなた自身が変えられること、コントロールできることはありますか？　それは具体的に、どんなことですか？
・あなた自身が変えられないこと、コントロールできないことはありますか？　それは具体的に、どんなことですか？

どちらともいえないことがあれば、それもメモしておきましょう。

不安や心配の感情をなだめたいとき、自身で「コントロールできること」と「できないこと」**を切りわけて書き出してみる**のは有効な手段です。

コントロールできることを可視化できれば「この状況は自分で変えられる」と思えますし、コントロールできないことに関しては「これ以上悩んでも仕方がない」と割り切ることができます。

ステップ③　テンションチェックしてみよう

テンションといっても、「ハイテンション」のような気持ちの高低をさすものではなく、ここでは「筋肉などの張り」という意味で使っています。不安や心配の感情が高まったとき、あなたは体のどこにこわばりを感じますか？

頭が痛くなる？　それともめまいがする？　手がほてる？　お腹が痛む？

P113のテンションチェックの図に印をつけてみてください。

不安や心配な気持ちがわきあがってきたとき、体のどこにサインが出やすいのかを知っておくと、いち早くストレスを察知できるようになります。

脳と体は密接につながっていて、感情が高まると、脳は体にシグナルを送ります。

恐怖や不安を感じているときに心臓がバクバクしたり呼吸が速まったりするのは、生存が脅かされる状況において、逃げる体勢をとるための反応を脳が体に促しているのです。

また、脳と体とのつながりは、脳→体という一方通行ではありません。逆に、**体→脳というふうに、体における作用が脳の働きを促すこと**もあります。

たとえば、薬を服用して脈拍を下げると、実際に不安な気持ちが和らいだりしますし、意識的にゆっくりと呼吸したり、ほてっている部分を冷やしたり、強張っている部分をマッサージしたりと体の状態を改善することで、感情の高まりや強張りを、いくぶんか抑えることができます。

ステップ④ 自分の好きなところを書いてみよう

自分の好きなところ、自分の良いところはなんですか？

ささいなことでも構いませんから、ぜひ書き出してみてください。

「自分にはできないんじゃないか」「人に好かれていないんじゃないか」「私は価値のな

い人間なんじゃないか」と**自己効力感や自信をなくしたときに、不安や心配な気持ちはより強く出てきます。**

だからこそ、自分の良いところや好きなところを知っておくことは、とても大切。

「ダメな部分もあるけれど、こんなに良いところがあるじゃないか！」

「私は、私の◯◯なところが好き」

「自分ならできる！」

と思える瞬間を増やすことで、どっしりと地に足のついた感覚を得られるようになっていきます。

WORK 3

不安や心配な気持ちのなだめ方

1 いま自分が感じているもの

いま自分が何を感じているのか、地に足をつけて考えて、書き出してみよう。

嗅覚	聴覚	触覚
味覚	視覚	その他の 全体的な感覚

2 その状況はコントロールできる？ できない？

できる	できるかもしれない	できない

3 テンションチェック

体にこわばりを感じているところがあったら、印をつけてみよう。

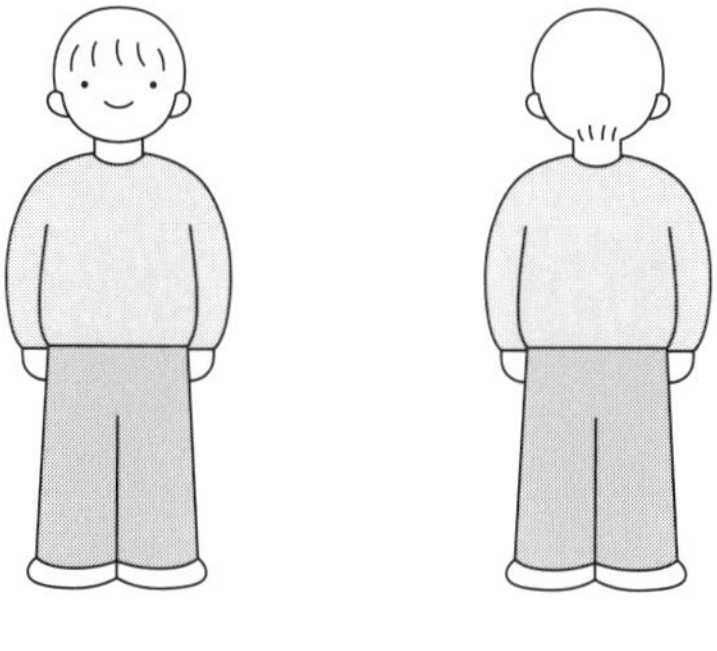

WORK 4

マインドフルネス

最後は、マインドフルネスのワークです。マインドフルネスとは、「いま、ここ」に意識を向ける心の状態のこと。

めまぐるしく過ぎていく日々の中で、私たちがあえて「この瞬間、この場所」に意識を向けられる時間というのは、想像以上に少ないですよね。過去の出来事に気をとられていたり、明日の仕事について考えていたり、この先のことの心配で頭がいっぱいだったり。

モニタリングで重要なのは、「いま、この瞬間にわきあがってきた感情」に気づくこと。「いま、ここ」ではない物事を手放し、「いま、ここ」に意識を向ける練習は、モニタリングを実践していくうえでも役立ちます。

ここで紹介するのは、私が研修医時代に学んだマインドフルネスのトレーニングです。

散歩をしながら

数十メートルの距離で十分なので、どこか近所の道を、何度か繰り返し歩いてみます。

1回目に歩くときには、「何が見えるか（視覚）」だけに注目します。「オレンジ色の花が咲いている」「看板が壊れている」「道が、ややカーブしている」など視覚情報だけに集中し、その道を歩き終えたら、そこでの気づきをメモします。

2回目は、「どんなにおいがするか（嗅覚）」だけに注目して歩きます。「ドーナツの匂いがしてきた」「すれちがった人の香水の香りがした」「においで川に近づいたのがわかった」など嗅覚で得られる情報だけに集中し、気づきをメモします。

同じように3回目は「どんな音が聞こえるか（聴覚）」、4回目は「どんな感触があるか（触覚）」だけに注目して歩きます。そして最後は、歩きながら「どんな感情・考えがわいてくるか」に集中し、歩き終えたら同じくメモをします。

何に意識を向けるかで、気づけることがこんなにも違うのかと、きっと驚くはずです。同じ道を歩いているにもかかわらず、あなたの手元にはまったく異なる内容のメモが5枚あるのですから。

また同時に、ふだん自分が「いま、ここ」にある物事をいかに感じないまま過ごしているかを実感できるかと思います。

同じように、頭の中をよぎる考えにも目を向けてみましょう。どんなことを思い浮かべて、どんなことを感じているか、数分間だけでも立ち止まって、頭の中を見つめてみると、いろんな考えが浮かんでは消えてと移り変わっていくことがわかります。そんな考えの連想ゲームをじっくり眺めてみると、いかに「いま、ここ」に関係ない思いが今の状況に影響しているかということにも気づくことがあるでしょうし、自分の考えのクセや価値観というものがはっきりしてくることもあるでしょう。

いま目の前にあることに意識を向けることは、集中力や充実感を高めるともいわれています。

「今日は、○○に注目してみよう」「いまから30分間、○○を意識してみよう」と決めて、日常の中にマインドフルネスを取り入れるのもおすすめです。

COLUMN

おてがるマインドフルネス

実際の私はというと、毎日習慣的にマインドフルネスを意識する時間をつくれているわけではありません。それでも、たまにストレッチをしているときなどに、「いま私は何を考えているんだろう」ということを、意識的に考えてみることがあります。

頭の中で連想していく考えに対して、「あ、いまここからここに行ったな」とか「ここからここに行って、いまこれを考えてる」というように、本当に、ただただ気づいていく、というものです。

本当は、毎日10分、座ってやることが勧められていると思うのですが、1分以下だとしても、気づいたときにちょっとした瞑想を取り入れるのでもよいかもしれません。

3章

自尊心と
オーナーシップ

モニタリングが得意な人と苦手な人

モニタリングは、すんなりとできる人がいる一方で、なかなかうまくできない人もいるものです。

それは、脳機能に人それぞれ傾向の違いがあるからなのですが、では何が得意と不得意を決めているのでしょうか。

そして得意な人は、何をその〝下地〟として持ち合わせているのでしょうか。

それは、「**自尊心**」と「**オーナーシップ**」だと私は考えています。

この二つは、自分が育った環境や経験によって育まれていく部分も大きくありますが、**大人になってから意識的に獲得していくこともできる**ものです。なので、いまモニタリングが苦手だとしても、気にする必要はありません。何よりもまず、こうした概念を知っておくだけでも、まいにちの生活の質によい影響を与えてくれると思います。

自分の感情に気づき、受け入れること。
まっすぐに心を見つめてみること。
心の内側から発せられる本当の感情を否定しないこと。
自分の心を大切に扱うこと。
たとえば、悲しいことがあっても笑ってごまかし、傷ついていないふりをしないこと。
たとえば、怒ったり叱ったり相手より優位に立つことで、弱い自分を隠さないこと。

こうした、モニタリングをするうえで大事な心がけのカギを握るものこそが、自尊心とオーナーシップです。

それがどんなものなのか、ここから紹介していきたいと思います。

《自尊心》

自尊心は、自分を尊重する心と書くように「自分自身を大切に思う気持ち」や「自分をリスペクトに値する人間だと思う気持ち」を指します。

これは、「自分スゴい！」と背伸びをすることではなくて、むしろ、ありのままの自分を肯定できるということだと思います。

自尊心は、「自分の感情に気づいて受け入れる」というモニタリングの最初の一歩を踏み出すときに、それをしっかりと支えてくれる大きな存在です。

「自分は価値がある人間だ」というゆるぎない思いが根底にあるからこそ、怖いとか、嫉妬しているとか、恥ずかしいとか、あまり自分では認めたくないような感情を受け入れることができるのです。

自分の中に自尊心という幹がなく、「自分はダメだ」という思いをベースに持っていると、「怖い」「嫉妬している」「恥ずかしい」といったネガティブな感情も「自分はダメ」

という思いに加担してしまうので、思考は必死にそれを否定しようとします。

自尊心を持っていれば、周囲の評価に振り回されずに、自分の意見や考えを大切に行動できます。また、必要以上に失敗を恐れず、チャレンジできるはずです。他人から低く評価されたり失敗したりしたとしても、**それによって自分自身の価値や尊厳が損なわれることはないと知っている**からです。

もし自分が上司や同僚からミスを指摘されたとしたら、どんな反応を示すでしょうか。このとき、自分の非を素直に認め、「どうすれば挽回できるだろう」と考えられるのであれば、自尊心は高いといえるでしょう。反対に、とっさに反発する気持ちや「それは○○という事情があったから」と相手の評価をくつがえしたい気持ちに強く駆られるのであれば、もっともっと自尊心を育ててあげてもいいかもしれません。

人は、自己を否定され、尊厳が損なわれていると感じると、むくむくと反発心や対抗心がわいてきます。怒りや焦り、恐怖といった感情も出てきて、心が揺さぶられます。

自分をとりまく状況や、起きた出来事は、事実としてある。でも、それと自分自身の価値は関係がなく、大切なものは別のところにある。

そう心に留めておくだけでも、物事の捉え方は変わってくるはずです。

多軸な価値を持つ

自尊心を育むためにできることの一つは、**価値の軸を多軸に持つ**ということです。

自分を構成する価値の軸を何本にも持っておくことで、たとえば自分が嫉妬していると感じたとしても、「それは私の要素の一つに過ぎなくて、私自体は、全体としてはいい人間だよね」というように、**ネガティブな感情を、わりとトリビアルなものとして捉えることができる**わけです。

そして、どうすれば自分の評価や価値観の軸を多く持てるかというときに、やはり経験の幅の大きさは一つの重要な要素になるでしょう。

一つの世界だけではなくて、いろいろな世界を見ていくほうが絶対によいのですが、残念ながら、いまの社会のあり方がそれを後押ししてくれるものではないことは、事実だと思います。

たとえば、受験文化。

受験の結果がその人を評価する大きな一本軸になってしまっています。受験結果によってわかるのは、その人がその時間内にどれだけ多く問題を解けたかということだけであって、その人が何をしてきたか、何に興味や情熱を持っているか、どんな価値観を持っているかはまったくわかりません。

もちろん、何か一つの軸で頑張れたという事実は、その人にとって大きな意味があることだし、誇りに思うべきものです。私自身も受験文化の中で成果を出してきた部分もあります。でも、価値基準をそれ一つにしぼらずに多軸に持っていることで自尊心が育まれ、たとえば過去の受験の結果についても、ある意味で「だから何？」と、「もっと、ずっと私のよさは他にある」と思えるのです。

だから、受験結果がどうだったかということよりも、

・自分が何に興味や情熱を持っているか
・そのために自分が何をしてきたか
・それがどれだけ社会的に貢献したか。していなくても、どれだけ極められたか

こういったことに目を向けて、自分が持っている色々な軸を自分で把握しておくことのほうがずっと大事だと思います。

もちろん、それは個人がそれぞれ追求するだけでも十分なのですが、そうした考えがもっと社会的に認識されるようになってきたら、みんながより自分に対して幸せな思いで接することができるようになるんじゃないかと思っています。

自尊心が脅かされたら

　もし、自分の自尊心が削られるような場面に出くわしたときには、わきあがる恐怖や怒り、承認欲求といった感情を無理に押しこめる必要はありません。まず、その感情を素直に受けとめてみます。そして、落ちついて自分の内なる声を聴き、自分の感情やその背景にあるものを分析してみましょう。

　それは脳の仕組みに抗うという意味でも決して簡単な行為ではありません。しかし、人生のさまざまな経験を通して「自分が何者で、どんな人になりたいのか」というビジョンを築いていくことが、その大きな助けになってくれるはずです。一つ一つの成功や失敗、挫折に向き合って、自分という人間を知っていることや、世界にはさまざまな人がいて価値観は一つではないことを身をもって知っていることが、支えになります。

　幼少期に自尊心を育てる機会が乏しかったという人も、今からでも広い世界を見て多様な価値観に触れたり、経験の幅を広げたり、他人の評価ではなく心の充実感や達成感といった自分が自身に対してする評価を大事にしたりすることで、自尊心は育まれていくはずです。

　違う世界を見るといっても、本当に別の国に移り住んだりしなくても大丈夫。自分と違う趣味の人と話してみるとか、違う業界の人と交流するとか、あまり知らないスポーツに関わってみるとか、国籍とか性的嗜好の属性が自分と違う人と話をしてみるとかでも、新たな価値観の軸に触れる機会になるはずです。

　ＹｏｕＴｕｂｅで動画を見るのだって、一つの機会になると思います。とにかく、**自分の生きている世界の中での価値観や考え方に、まさにチャレンジしてみる**ことが大切です。

　もしかしたら、そうした経験を経ても、自分の価値観や信念が変わらない場合もあるでしょう。でも、それでいいのです。自分とは違うものがあることを知るだけで、自分にとって何が大切かを考え、言語化するきっかけになります。

たいせつなのは、いくつもの軸を持つこと

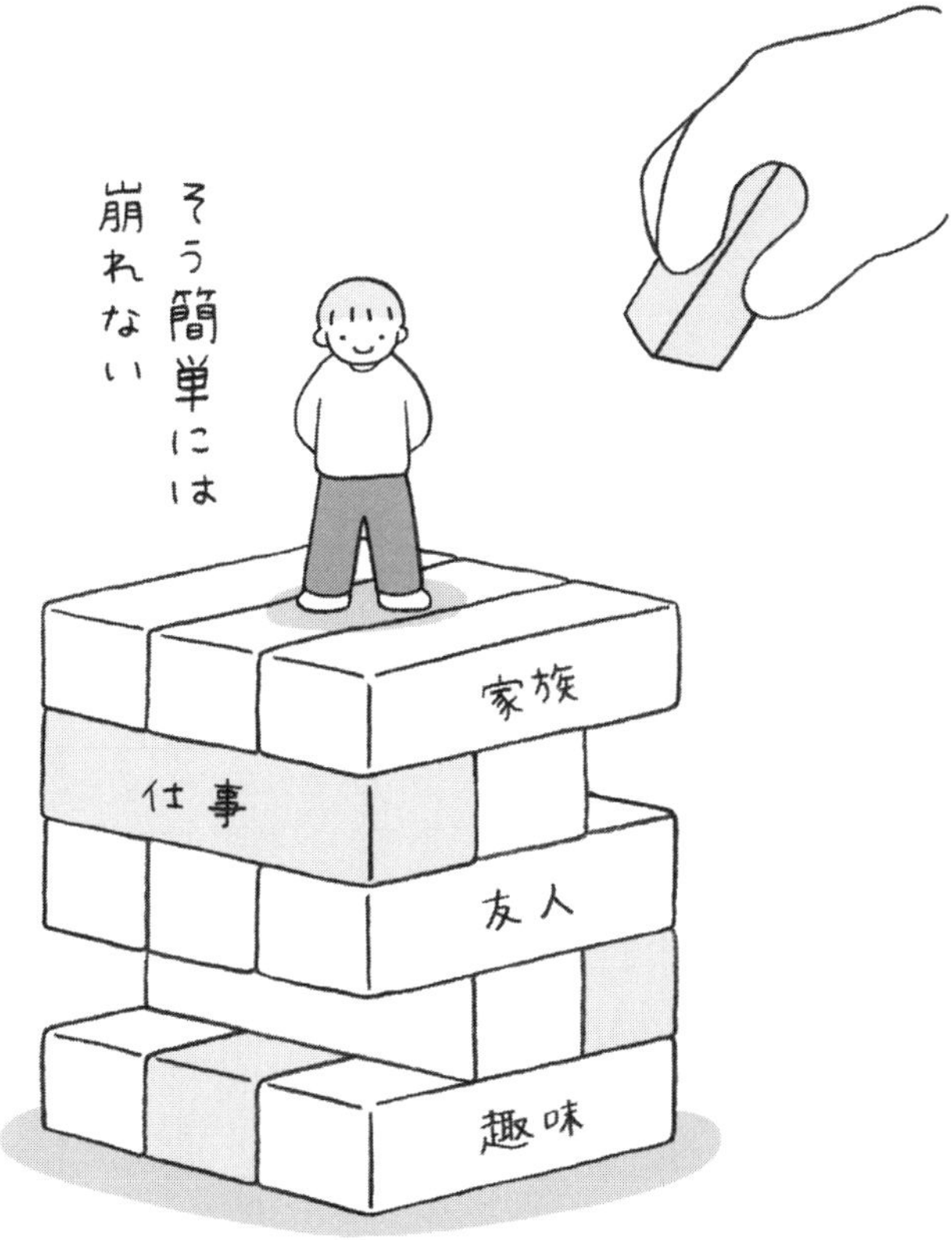

COLUMN

プラスアルファの価値

「多軸な生き方」を象徴する、私の大好きなエピソードを紹介したいと思います。

２０２２年に北京で開かれた冬季オリンピックのフィギュアスケート男子シングルスで優勝したネイサン・チェンさんの話です。

彼は、その前の２０１８年平昌オリンピックでは、優勝候補とされながら、大きなプレッシャーの中でミスを重ねてしまい、個人戦でメダルを獲得できませんでした。実はそのシーズンはオリンピックまで全戦全勝していて、「優勝できなければ自分の世界の終わり」とまで考えていたそうです。

そうした大きな挫折を経験した４年後に北京オリンピックを迎えたときの気持ちは、前回とはまるで違いました。「オリンピックに戻ってくるところまで努力をしてきたのだから、もうそのこと自体で『勝ったも同然』」と考えていたといいます。

彼は、携帯電話を自国のアメリカに置いてきた一方で、なんと趣味のギターを選手村まで持ち込んだそうです。かつては「優勝しなければ終わり」とまで考えていたネイサンは、意識的にそれは人生の一部に過ぎないと考え、広い視野をもって大会に臨み、そして見事優勝を果たしたのでした。

彼が持ち込んだギターのような、人生に何かしらのプラスアルファがあるほうが、ネガティブな経験に対しても、それと向き合い、人としてより豊かに生きられる気がしています。

《オーナーシップ》

オーナーシップ（ownership）は、心理学や精神医学の分野でもよく使われる言葉です。

直訳すると「所有権」という意味になります。

簡単にいうと**「自分が何を選択するか、どう行動するかは自分が決める」**と考える姿勢のことです。

自分に関わる選択や行動、そして結果を〝自分自身のものとして所有する〟イメージでしょうか。

オーナーシップについて考えるとき、私は、友人でもあるフィギュアスケート選手の長洲未来さんを思い浮かべます。

長洲さんは、14歳という若さで全米チャンピオンになり、二度の五輪出場を果たしました。一度の五輪代表落ちを経て出場した平昌オリンピックでは、アメリカ人女性として五輪初のトリプルアクセルを成功させ、団体銅メダルにも輝いたキャリアの持ち主です。

そんな彼女にも、10代の頃に、フィギュアスケートへの情熱を見失った時期がありました。14歳で全米選手権で優勝してスポンサーもつき、お金の管理や、どのコーチにつくかという人間関係のジャッジメントも自分でマネジメントしなければならない状況に、まだティーンエイジャーのときに置かれてしまうのですから、その中で自分を保つというのはそもそも無理な話ともいえます。

それまで長洲さんは、自分で「やりたい！」と思ってやってきたというよりも、やってみたら上手にできてしまって、まるでベルトコンベアに乗っているように「やりたいというより、やるものだから」という感覚で進んできたといいます。そんななかで、やがて両親に反発する態度をとってしまいました。

長洲さんのご両親は「スケートを続けるかどうか、もう自分の好きにしなさい。私たちは練習の送り迎えもしない。続けたいなら勝手にやりなさい」と彼女をあえて突き放したそうです。きっと親としても子どもに自分の人生を託すことは勇気が必要なことだったと思いますし、長洲さんにとってもつらい言葉だったのではないかと思います。

長洲さんはスケートを続けるかどうか逡巡しました。両親の協力なしに続けるとなれば、毎日バスに2時間乗って、コーチのもとに通わなければなりません。彼女は最終的に「2時間かけてコーチのもとに通い、スケートを続ける」という決断を自分で下しました。

そのとき初めて、「私は、スケートがやりたいんだ」という自分の意思に気づいたといいます。**自分の選択で、自分の判断で、自分の責任で、というオーナーシップが生まれた瞬間に**、これまでとは違ったモチベーションがわいてきたそうです。

「私は、私の意思でスケートをしている」

そう思えたことで、若くして引退していくスケーターが多いなか、彼女は24歳でトリプルアクセルという大技に挑戦し、オリンピックの大舞台で成功させました。彼女がスケートに対してオーナーシップを持てたことと、長い間、大きなエネルギーと情熱をスケートに注ぎつづけられたことは決して無関係ではないだろうと私は見ています。

自分の意見や選択は、自分自身のもの。
私は、ＹＥＳと言ってもＮＯと言ってもいい。
人生の主役は私自身であり、人生のストーリーは私が決められる。
そして、その決断を尊重し、受け入れてくれる人はきっといる。

そう思えることで、目の前に広がる景色は変わってきます。

オーナーシップを持つことで、「自分で決めたことだからやり遂げよう」と力がわいてきますし、その結果がすばらしいものであれば、喜びはさらに大きくなります。反対に、期待した結果が伴わなくても、自分で下した決断であれば納得できるはずです。

提案が受け入れられる経験

私は、子どもに接するときも、なるべく彼らがオーナーシップを持てるように、と考えています。子どもが提案したことは、なるべく採用したい。たとえば「ここに行ってみたい」「これを食べてみたい」といった彼らの日常のささやかな要望については、たとえ「きっとおもしろくないだろうな」「苦手だと思うけどな」と内心では思っていても、またその意見を伝えることがあっても（もちろん危険なことにはＮＯと言いますが）、できる限り彼らの希望を叶えます。

結果、それが子どもにとって小さな失敗を経験することになったとしても、それも含めてオーナーシップを培ってほしいからです。

自分の提案が受け入れられる体験を通して、「自分の意見は聞いてもらえる価値がある」と感じられます。そして「失敗しても、たいしたことじゃない。たいていのことは、どうにかなる」と身をもって知ることができます。

また、子どもに何かを言って聞かせるときにも、子ども自身がオーナーシップを持って決めたと自覚できるように伝えたいと意識しています。

1章で例に出した片付けをしない子どもたちへの対応のように、遊ぶのをやめて部屋を片付けてほしいときに、大きな声でどなったら、言うことは聞くかもしれませんが、それはただ親が怒っているからやっているだけです。自分で納得して決めたことではなく、オーナーシップが発揮されたとは言えません。

現代の社会が自尊心を後押ししてくれるような構造になっていないように、オーナーシップについても、残念ながらそれを持ちやすい社会であるとは言えないのが現状だと思います。

他者の采配によってそうせざるを得ない環境が多すぎて、仕方がないから他者の評価軸の中で評価されることをやるようになったり、上から言われたことをただこなすようになったり。

私の知り合いの女性は、子どもを出産し、育休が明けてしばらくたってから、会社から「子どももできたし、こっちの部署のほうが働きやすいでしょ」と、まったくオーナーシップを与えられない状態で異動を命じられました。彼女は、元の部署で誰よりも結果を出していたのに、です。

この部署異動が、彼女自身が「新しい部署の仕事にも興味があった」とか「働き方を変えたい」と自分で判断して提案したものであれば、それはオーナーシップを感じられる事例であったと思います。

今の社会は、人生は自分のものと思わせてくれない機会があまりにも多くて、本当は自分でコントロールできる場所でさえもオーナーシップを持てなくなってしまっているように感じます。

自分が大切にしているものを守るために、自分がした判断であれば、その先に待つ結果への向き合い方は変わってくるはずです。

日々の暮らしの中で、「自分はこんなにやったのに」とか、見返りが返ってこないことに対して憤りを感じることはよくあると思いますが、そうしたことのほとんどは、そもそもその状況において自分がオーナーシップを感じられていないことが原因にあるのかもしれません。**「自分の意思で決めたこと」というオーナーシップの意識が、このような苦しみから解放してくれるカギとなるはずです。**

「しない」も自分が決めたこと

オーナーシップは「ＹＥＳやＮＯをはっきりと伝える」「新しくチャレンジすることを決める」といった積極的な選択や行動を指すようなイメージを持つかもしれませんが、「何も言わない」「何もしない」という選択も、自分が決断していることになんら変わりありません。

その感覚を持っていれば、「また何も言えなかった」「決断できなかった」と自分を責めることなく、自らそう決めたのだと、すこやかに考えられるでしょう。

また、一つ言い添えておきたいのが、どんな場面でも「自分で状況を変えられる」と

自分で持ってることがだいじ

いう感覚を持つのはよいことですが、「すべて自分に責任がある」と抱えこんでしまうと、心に負担をかけてしまいます。オーナーシップを持ちつつ、自分で背負いこみすぎないようにする、バランスを大切に考えてください。

そのうえで、大切な局面での一つ一つの選択や判断を自分が行っていることに意識を向けられると、自分の人生を自分で歩んでいる感覚が生まれて、人生の充実や心の安定につながっていくのではないかと思います。

COLUMN

I statement ①

「I statement（アイ・ステートメント）」という話法があります。これは、「私が」を主語に意見を述べることで、自分にとって居心地の悪い環境にいて、建設的に相手に働きかけたいときなどに、大きな力を発揮します。

「自分はこういうことを感じている、経験している」ということをI（私）を主語にして、はっきりと述べること。

たとえば、誰かの発言に心を傷つけられたとき、「そういう言い方をするあなたが悪い」などと相手を主語にして責めたりするのではなく、「私は、あなたの言い方に傷ついて、悲しいと思っている」と、私の主観から私の経験を話します、というスタンスで伝えます。

私はかつて、アメリカの大学の研修医だった頃、指導員の先生からアカデミック・ハラスメントを受けていたことがありました。そのとき、私は指導員の先生と話す機会をつくり、伝えました。

「私は、あなたの指導を受けるなかで、強いあたりに苦しんでいる。もちろん自分に足りなかった部分もあるとわかってはいるけど、それ以上に何かパーソナルなものを感じた。指導員と研修医という関係は、指導員にとっては負担ではなく、私にとっては教育的なものであってほしい。そのために何か変えるべきことがあったら、私もそれに向かって努力したい」（P167につづく）

4章

小さなセルフケアの処方箋

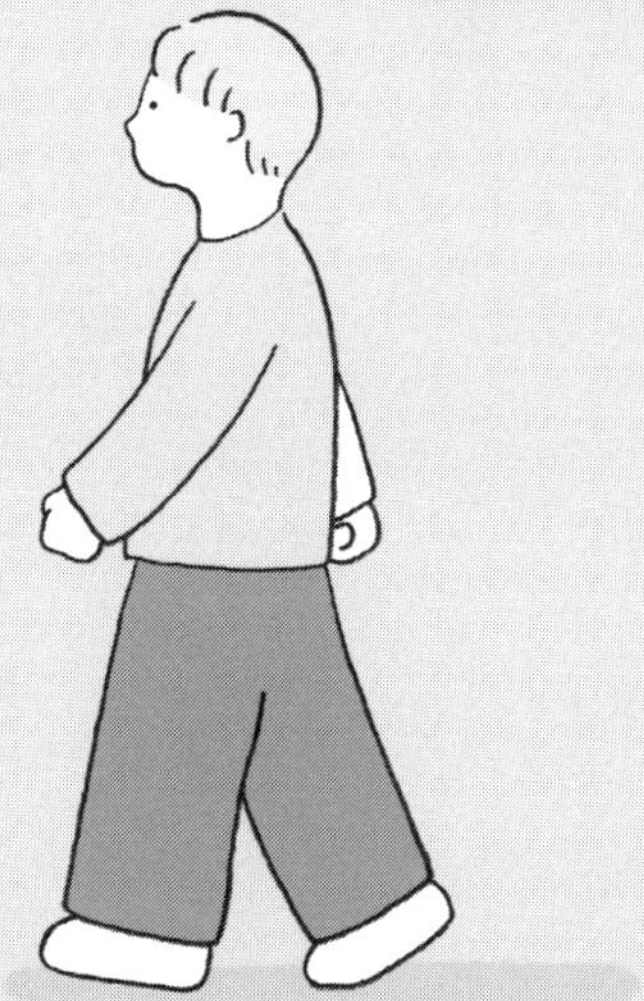

3章までは、メンタル危機なまいにちをよりよく変えていくための考え方や行動について、じっくりと取り組んできました。

とはいえ、日常の中で、「取り急ぎ、この場をしのぎたい！」という、じっくりともしていられない瞬間はたくさんありますよね。

また、メンタル危機の引き金になる小さな出来事やストレスは、賢い対処法でできるだけ早く芽を摘んでおくことで、日々をよりよく生きていくことができるはずです。

この章では、そういうときのために役に立つ、すぐにできる小さなセルフケアをたくさん紹介していきます。

科学的な根拠があるものもあれば、〝とくにそうではないけど、実際けっこう効く〟というものもありますし、読んだときに「そりゃ、そうだよね」とか「言われてみれば、あんまり考えたことなかったかも」と感じられる、小さな考え方や行動もあると思います。

パラパラと読んでみて、自分に合いそうなものから始めてみてください。

心の持ち方

セルフラブ

少しずつですが、**セルフラブ**という言葉が一般的になってきました。

さまざまな生きづらさにもまれる世相の中で、まず何よりも自分自身を大切にする、愛するということの大切さにみんなが気づき始めたのだと思います。

失敗したり、ストレスを感じたり、ネガティブな感情に振り回されたりしたとき、大切な友だちを思いやるようなイメージで、自分自身を大切にしてあげましょう。

「だいじょうぶだよ」
「私はよくやっているよ」
「次は、もっとうまくやれる」
「たいしたことじゃない、心配しないで」

実際に言葉にして言ってみるのもいいですね。

「こんなこともできないなんて」「すぐに怠けてしまうダメな人間だ」と、自分を責める気持ちがわきあがってきたら、「そんなことないよ」とそのつど声をかけて打ち消します。

まずは「自分に優しくしていい」「労わってあげよう」「私は、ケアされる価値のある人なんだ」と自分にオーケーを出すことから始めてみましょう。

人に優しくできたとき、自分もうれしくなったり、穏やかな気分になったりしますよね。

心理学用語に「アルトイズム」という言葉があります。日本語では「他愛」「利他」などといわれたりしますが、脳科学においても、**他者が喜ぶ姿を見たり、「自分が誰かの役に立っている」と感じたりすることで、抑うつの気持ちが和らぐ**とされています。

誰かに優しくしたり、誰かのためになにかをするチャンスが、日常の中にいくつかあるはずです。

「あなたの〇〇がいいよね」と伝えたり、「あのとき、助けてもらってうれしかった」と感謝の気持ちを伝えたりするのでもいいと思います。

また、他人のポジティブな面にフォーカスすることで、自身もポジティブな気持ちになれたりしますから、身近な人や好きな人を思い浮かべて、「あの人のこんなところが好きだなあ」と思考をめぐらせるだけでも元気がわいてきます。

人気はその人の価値ではない

とくに若いときは、「人気がある＝人としての価値が高い」と捉えてしまいがちです。SNSの普及などで世界へ自分を発信する機会が増えた現代においては、よりそういった考え方に陥りやすくなっています。そのため、自分が孤独を感じているときには、「私なんか、価値のない人間だ」と悲観してしまうかもしれません。

人から好かれていることや、人気があることはたしかにポジティブな点ではあるでしょうが、それもまたその人を構成する要素の一つに過ぎません。

当然ながら、**人気であることも孤独であることも、その人の価値とは関係のないこと**です。世界的に評価されていて、ものすごく人気のある人でも、実は幸福感を感じていなかったり、孤独だったりすることはあります。

他人に自分の評価をゆだねてしまうと、その人の価値基準を満たす結果が出せなかったとき、とても苦しみます。また外的評価は移ろいやすいため、基準が変わるたびに振り回されることもありえます。

自分の価値は、自分が決める。

達成感や充実感といった内的評価を大切にすることもまた、心をすこやかに保つ秘訣です。

「つながり」に意識を向ける

孤独感を感じたときには、これまで生きてきた中で出会った人や生き物、出来事との「つながり」に意識を向けてみます。

学校の先生、昔好きだった人、飼っていたネコ、亡くなったおばあちゃん……誰でも構いません。あなたにとって大切な存在を思い出してみてください。

あるいは、親しくはないけれど、いつもコンビニで会う店員さん、自宅近くの公園で遊んでいる子どもたち、よく荷物を運んでくれる宅配員さんといった、ちょっとだけ近くにいる人たちのことを思い出してみるのもいいでしょう。

「いろいろな人やものとのつながりの中で生きている」と感じられると、少し心が落ちついてきます。

SNSだって、もちろんそれだけで人間関係のすべては補えませんが、人とのつながりを得られる手軽なツールです。自分が快適と思える範囲で、積極的に活用していくとよいと思います。

思考法

嫌なものは避ける

シンプルなことですが、自分が「嫌だ」と感じるものを避けるようにします。たとえば、「自分のバリュー（価値）をないがしろにされること」のように、自分の嫌なことを言語化しておくと、その場その場でこれは自分が嫌な状況かどうかを判断しやすくなります。

何かに書き出したり、人に話すことによって、**「何が自分をクリックするのか」**を把握しておくとよいと思います。

自分が嫌だと思うポイントをだんだんと理解していくにつれ、人を傷つけるようにではなく、嫌なものを上手に避けられるようになっていきます。それは、生きていくうえで実はけっこう大切なスキルなのかなと思います。

「できないかも」を受け入れる ①現実的に考える

できそうにないことは「できないかも」とまず自分が受け入れることも大切です。

現実的に考えるというシンプルなことが、メンタルが不安定なときには案外できなくなっていたりするものです。

「できないかもしれない」をまず受け入れられると、仕事であれば「それはできないかもしれません」「もう少し期限を延ばしてください」と上司に伝えたり、誰かに「ここまでやってくれませんか」と頼む選択肢が生まれてくるはずです。

また、家庭においてもパートナーに家事を頼んだり、子どもであれば、ふだんはしてあげていることも、頼んでみたら意外と自分でできたということはけっこうあるものです。

悩みの渦中にいるときは、「どうしよう」と気が焦るばかりで現実的なゴールやプロセスに目を向けられていなかったり、「頼まれた仕事をまっとうできないのは格好わるい」といった信念が邪魔をして理想的なプランしか見えていなかったりします。

未来に対する漠然とした不安や、事実かどうかわからないことに対してネガティブな感情を持っているときにも「現実的に考える」スタンスが役に立ちます。

「たしかな事実やデータ、根拠をもとに一つずつ判断していこう」「現実に即して考えよう」と少し意識してみることで、地に足をつける感覚を得られるはずです。

「できないかも」を受け入れる ②線引きをする

現実的に「できないこと」を受け入れられるようになると、あらかじめ、「できる」と「できない」の間に線引きができるようになります。やるべきことをあいまいに抱えこんでいるときに、これをするだけでずいぶん心がラクになります。

「今日はちょっとこれ全部はできないな」「今日は何時までには帰ろう」のように、今日の自分はここまで、という**バウンダリー（境界線）**を引いてしまいましょう。

どうしようもなく疲れているなら、抱えているタスクの中で優先順位をつけて、その中でどうしても今やらなきゃいけないことは何なのかを考えます。そして、**それだけをやる**。そうすれば、「これができなかった」よりも「これだけはやった」という達成感をちょっと感じられますよね。

自分で決めたラインまでできたら、「調子が悪い中でも、ここまではやれた」「全部は無理でも、最低限のことはできた」と思えるはずです。

成功体験を応援ツールにする

人は、失敗体験やネガティブな出来事はよく覚えているものですが、うまくいったことやうれしかったことは、案外スッと忘れていってしまうものです。

ですが、**自分自身のこれまでの経験は、自らを励ます最大のツール。**

自己否定の気持ちや、自分の能力に対して不安な気持ちがわきあがったときのために、日々の成功体験は、たとえほんの小さなことでも、意識的に覚えておきましょう。

過去の成功体験や努力した経験、苦労して成し遂げた出来事などを書き出しておくのもよいと思います。

「私はこんなふうにがんばってきた」

「振り返ってみれば、うまくいったこともあるな」

と思えれば、それが自信となり、自分を支えてくれます。

行動

深呼吸する

不安や焦りを和らげるために、いつでもすぐにできるのが深呼吸です。シンプルですが、その効果にはいくつも研究結果が出ている、科学的に信頼できる方法です。

私がよくやるのは、4秒かけてゆっくり息を吸い込み、4秒息を止めて、最後に4秒かけてゆっくりと息を吐き出すやり方です。

息を吸うときはどうしても一気に吸い込もうとしてしまうのですが、吐くときのほうが比較的コントロールしやすいので、**ゆっくり吐くことを意識してみるとやりやすいと**思います。

大きなタスクはバラす

やるべきことが多すぎたり、課せられたタスクが大きすぎると、どこから始めたらいいかわからなくて、不安な気持ちになりますよね。

そういうときは、大きなタスクを、ひたすら細かく分けてみましょう。英語ではブレイクダウンと表現したりしますが、バラしてみて、それぞれに優先順位をつけていきます。このとき、重要なタスクの優先度が高くなるのは当然ですが、もう一方で、**「やりやすいもの」を優先させる**ことも大切です。

「これならすぐできるな」「いまはこれがやりやすいな」というものから始めていって、それを実際に片付けていくと、「できてる、できてる」という達成感も感じますし、それによって気持ちが落ち着いていきます。

短時間の休みをつくる

ネガティブな感情がわきあがってきたとき、「今はちょっとこの問題を横に置いておきたいな」と思ったら、無理に向き合おうとしなくて大丈夫です。

ちょっとした気晴らしで、嫌な感情から抜け出せることもあります。

少しのあいだ外気を吸いにいくとか、甘いものを食べるとか、コーヒーを飲むとか、そのときにミルクと砂糖をちょっと多めに入れるとか、そういうささいなことで構いません。

大切なのは、本当に短い時間だとしても、**休みの時間を自分のために使うということ**です。短時間でも自分にエネルギーを注入してくれるもの、心を落ち着けてくれるものがいくつかあると楽しいです。

好きなものに囲まれる

心が疲れているときは、好きなものに囲まれてみましょう。

好きな場所に出かけて、好きな食べ物を食べて、好きな映画を見て帰るというまさに好きなもの尽くしの一日を過ごすのもいいですし、推しの作品を並べたり、好きな動物の映像をひたすら見るのもいいでしょう。

もし好きなものを見てもなんの感情もわいてこない、好きなこともしたくないという場合は、本格的な心の不調のサインです。その場合は、心と体を休めて、専門家等に相談してほしいと思います。

体を動かす

運動には、心と体をリラックスさせ、睡眠リズムや体調を整える効果があるといわれています。軽いランニングをしたり、ダンスをしたり、ストレッチをしたりして体を動かすと、スッキリしますよね。ネガティブな感情もリセットしやすいです。

私は体を動かすことが大好きなので、45分空いた時間があったら30分ランニングに出かけるなど、時間を見つけては運動する時間をとっています。

「自分のために時間を使っている」という感覚を得られますし、運動したほうが、集中力が高まって、その後の時間をより有効に使えるような気がしています。

誰かと話す

これは一人でできる手法ではないのですが……誰かと話すのは、やはりすばらしい自分へのケアになります。

悩みについて打ち明けなくても、同じ趣味を持つ人や、似た価値観を持つ人たちとつながって話すことで、心が満たされていきます。

電話やチャットでもいいと思います。育児中のママ・パパたちが、子どもの夜泣きで深夜に起きなければならないときに、お互いを思いコメントし合う。一緒にいなくても励まされますよね。

ネガティブ話者に主導権を渡さない

愚痴やネガティブな話題が多い人と会話をするときには、できるだけその人に会話の主導権を奪われないようにします。

その人が誰かの悪口を言いはじめたら、「それは大変だったね」と一言伝えて、「そういえば、○○については、みんな知っている?」などと話題を変えるのです。

ポジティブな場をつくりだすこともまた、自分自身でトライできること。

自分が嫌だと感じる時間をできるだけ短くしようと努めることも「自分の時間を大切にすること」なのです。

気持ちをノートに書き出してみる

嫌なことがあったとき、思い悩んでしまったとき、その気持ちをノートに書き出してみましょう。

頭の中だけで考えているときには、脳がそのことでパンパンにふくれあがっている気がしませんか。考えを外に出す（書き出す）ことで、脳のスペースを空ける。そんなイメージで、どんどん外に出していきましょう。書き出した思いは、もしあとで見直したくなったら、ノートを開けばいつでも見られます。だから、ずっとそれについて考える必要はないというシグナルが脳に送られるのか、実際に少し頭の中に余裕を作れる気がします。

また、書き出すことで、状況がクリアになったり、悩みの構造がわかったりすることも。書いていくうちに次にとるべきアクションが見えてきて、ポジティブな気分になれることも多いです。

まとめて読みなおすと、陥りやすい思考パターンや認知のゆがみなどにも気づきやすいですよ。

日記をつけることにも同じような効果があります。また、誰に見せるわけでもないので、自分の気持ちを偽ることなく、**自分を正直にさせてあげる場所をつくれるのも魅力**的だと思います。

オンライン上に、自分しか見られないようにパスワードをかけて作成してもよいでしょう。

得意なことを積極的にする

ある環境で、自分が否定されたり、自信を失わせるようなことがあったときの対処法の一つです。

自分がうまくできることや得意なことを意識的にやってみたり、自分を評価してくれる場や能力を発揮しやすいコミュニティを探したり、**「自分には価値がある」と再認識できる瞬間を意図的につくりだしてみてください。**

私の場合は、子どもの頃からダンスを習っており、特にフラメンコが得意だったので、ふさぎ込むようなことがあったときには、得意なフラメンコを踊りにいくことで、自信を取り戻したりしていました。

また、得意なことというのは、仕事に対して趣味の場というように、必ずしもまったく異なる環境で行う必要はないと思います。

たとえば職場の中だとしても、別の部署の同僚といい関係を築くとか、自分が貢献できる分野やプロジェクトの中で積極的に発言するとか、**「自分には価値がある」ということをリマインドできるような行動をあえてとりにいく**ということをしてみてください。

15分間何もしない

不安や怒りの感情に駆られたときには、15分間何もしないというルールをつくってみましょう。たとえばパンデミックが起きたときに際限なくインターネット検索をしてしまったり、SNS上で見たデマ情報を家族などの大切な人に広めてしまうなど、**人は不安なときほど、その状況を脱しようと行動的になる**ものです。それは、生存のための本能的な反応です。ですが、序章でも伝えたとおり、そうした脳の判断は、現代においては往々にして間違っているもの。

こういうときはもう、15分は行動しない。動くのは、気持ちがピークアウトしてから。とにかくこの15分をどう過ごすかです。ランニングに出る、好きな音楽を聴く、おいしいものを食べるなど、どうにか15分をしのぎきる方法をとってください。

ただし、DVを受けているときなどは、もちろん別の話です。それはいわゆる「逃走か、闘争か」という瞬間的な判断を迫られているときなので、即座の行動が必要です。

現代において、いまこの状況は本当に「逃走か、闘争か」というものなのか。即座に生存に関わるものでなければ、一旦時間を置くことも大切です。

シーク・アウトする

シーク・アウト（seek out）する、つまり捜《さが》し出すということですね。自分をポジティブな気持ちにしてくれる人、自分と同じように感じている人、そういう自分にプラスの影響を与えてくれる人がどこかにいないか意識的に探してみて、その人との時間をつくることです。

とくにいま自分をとりまく環境に行き詰まりを感じているのであれば、その環境の内外に、**自分に力を与えてくれる人を探す努力**をしてみるとよいと思います。

食べておく、寝ておく

自分が感情的になりやすいときの傾向を知っているのなら、事前に可能な範囲で対応しておくとよいと思います。

たとえば私はお腹が空いているとイライラしやすくなるとわかっています。子どもたちが学校や保育園から帰ってくると、子どもたちの相手で自分が食べる暇がなかったりするので、迎えに行く前にかるく食べておく、ということをよくします。

眠いのが苦手とわかっているのなら、前日は無理をせず寝ておくなど、少しでも自分が気持ちよく過ごせるように、事前に対策をしておきましょう。

COLUMN

I statement②

（P141からつづく）

そういうふうに伝えました。

それによって状況が改善されたかというと、じつはあんまり変わりませんでした。長期的に見たら、むしろちょっと悪くなったかもしれない。やっぱり、指導員と研修医という、一方にパワーバランスが偏っているときには、状況を変えるというのは難しいことが多いものです。

だけど、自分を守るために行動することができたこと、それもケンカのような感じで相手を攻撃するのではなく、落ち着いて会話できたということが、大きな成長の機会になったと思っています。

もちろん、ハラスメントは成長の機会ではありません。ないほうが絶対にいい。でも、なにかしらの葛藤を抱えているときに、自分に勇気をあげられる経験ができそうなら、「I statement」を意識的にやってみてもよいのかなと思います。

ちなみに、こうしたハラスメントに遭遇してしまったときには、セルフケアがよりいっそう大事になります。

「リスペクトされていない」と感じるときにこそ、自分に優しくして、自分には価値があると思うようにする。そう思えるようなこと、たとえば自分を尊重してくれるコミュニティで積極的に発言したり貢献したりということを、意識的にしていくとよいと思います。

エピローグ

「なんとなく気持ちが晴れない…」と正体不明のモヤモヤに苦しんでいた人が、モヤモヤの正体である自分の感情や考えをつきとめ、上手につき合って生きていけるようになってくれたら。そのためのヒントを、情熱をもってこの1冊につめこみました。

大切なのは、モヤモヤした心の中身をじっくり観察してみて、それをできるかぎり言語化してみることです。

うまく言葉にできて、「そうか、自分はこう感じていたのか」あるいは、「こう考えればよかったのか」と、ひらめきのように思った途端に、今までの悩みがすっと軽くなったり、いま感じている怒りがしゅっと弱まったりすることがあります。

そういうものを感じてもらいたいと思いながら、この本をつくりました。

そうした「アハ・モーメント」を感じてもらえたら、「そのためのモニタリングなんだよ」というメッセージが届けられたのなら、こんなに幸せなことはありません。

ただ、忘れないでほしいのは、この本に書かれていることはすべて、本当に言うが易しだということです。どんなに論理的にわかっていることでも、実際に行動に出て達成することは難しいものです。

さらに、感情というのは無理に「おさまれ！」と言って、おさまるものでもありません。なので、最初からうまくいかなくても、

まったく気を落とす必要はありません。

すぐにすべてを実行できなくても、何か一つか二つでも自分に合うエレメントを見つけて生活に取り入れてみるだけで、難しい場での気の持ちようが十分に変わるはずです。

そして、なんでも練習あってのものであり、また「完璧」をめざす必要はないのです。だから、「気持ちをポジティブな方向に向けようとしたけど、うまくいかなかった」ということがあっても、けっして自分を責めずに、違った考え方に挑戦しようと試みた自分に優しく向き合ってください。

それがセルフケアの基本です。

セルフケアとは、直訳すると「自分をケアする」こと。

たとえばアスリートが自らの競技生活のために自分の心身をケアするのと同じことで、誰であっても、私たちが日々の生活を送っていくために自分で自分の心をケアしていくことは、必要なことなのです。

そのケアのやり方は、多様で、何種類もあります。自分に「価値がある」と言ってあげたり、「大丈夫だよ」と言ってあげたり、あるいは「今は考えない」と、脳に休憩の時間をあげることもセルフケアです。

急ぐ必要はまったくないので、小さなステップを踏んでいき、「自分を労わっていいんだ！」と自分で自分に許可を与えながら、セルフケアをすることを馴染ませていってみてください。

ところで、「自分を労わる」というのは、ただただ休むことではありません。

もちろんお休みを取る時間は大切です。ですが、積極的に自分の感情を分析してみて、

何を感じているのか、その背景にはどのような考えや経験があるか、そしてどんな行動に出ればいいのか、といったことを考えてモニタリングすること、その結果、自分の気持ちができるかぎりポジティブな方向に向かうように努力することも、「自分を労わる」手法の一つなのです。

ですから、みなさん、失敗してもいいですし、高まった感情が落ち着いてからでもいいので、ぜひ「モニタリング」を練習してみてください。

すると気づかぬうちにモニタリングのくせがついてきて、これから先、そこそこにメンタル危機なまいにちがやってきても、モヤモヤが晴れたり曇ったりを繰り返しながら、それでも自分には前に進む力があると、希望を持つことができるでしょう。